미치광희 최광희입니다

일러두기

저자의 글맛을 살리기 위해 일부 맞춤법은 저자의 스타일을 따랐습니다.
이 책의 일부는 〈주간 최광희〉와 저자의 소셜미디어에 올렸던 글을 편집하여 엮었습니다.

미치광희 최광희입니다

최광희 지음

CRETA

차례

8 —— **추천의 글**
10 —— **프롤로그**

1부

19 —— 가장 높은 곳의 가장 낮은 집
23 —— 기분 문제 아니던가
28 —— 궁핍은 그저 불편일 뿐
30 —— 도망치는 건 부끄럽지만 도움이 된다
35 —— 오늘 생존법
37 —— 우다다 달리는 고양이들만 있으면
41 —— 작은 탐험
45 —— 추방의 기억
48 —— 굶지 않는 백수는 얼마나 축복인가
53 —— 도박 같은 삶
58 —— 인간의 열세 살은 언제나 맑다
61 —— 수줍은 아이, 시큰한 콧등

64 —— 소우주의 별
67 —— 참아주는 마음
70 —— 관용 받아요, 배려 받아라
74 —— 걷는다는 것이 이토록 아름답다니
77 —— 패션에 대해 말하자면
80 —— 약자였던 사람이 잘 아니까
85 —— 백수론
90 —— 그럼에도 불구하고
96 —— 몸에 지녀야 하는 인연
99 —— 까미노 아미고
106 —— 도착통
110 —— 오르막 숲을 오르자
114 —— 그게 내게 여행이다
117 —— 착하게 살고 싶어서
120 —— 언덕길에서 채집한 것
123 —— 화양연화
126 —— 위층 아저씨
129 —— 친구 어머니의 모과차
132 —— 돈으로 환산할 수 없는 것
137 —— 최광희TV의 실험
140 —— 모순이 차고 차서 흘러넘치면
143 —— 노력하지 않기 위한 노력

2부

- 149 ── 파도가 다가올 땐 정면승부
- 153 ── 그람시가 말한 대로
- 157 ── 릴에 사는 그의 고향은
- 161 ── 파리 사람들 그리고 수정 씨
- 166 ── 그래서 어쩔 건데
- 168 ── 진짜 원흉
- 171 ── 사람이 아니라 개다?
- 174 ── 대화의 ABC를 건너뛰면
- 177 ── 그들이 틀어진 이유
- 182 ── 어느 날 귀인을 만났다
- 187 ── 사실은 정중한 그
- 191 ── 연예인병
- 195 ── 춤추는 평론가
- 199 ── 왕관도 쓰지 못했는데 무게를 견디라니
- 202 ── 솔직할 각오

205 —— 느낌력

207 —— 긍정으로 포장된 침묵

209 —— 젠틀한 허세

211 —— 설익어서 맛없다

214 —— 노년의 두 모습

216 —— 언제 한번 밥 먹자

219 —— 갑의 언어

221 —— 미스터 황과 그의 작은 고릴라

231 —— 새한테 한 욕

236 —— 너는 누구니?

240 —— 다양하니까 예뻐

244 —— 미워하기 때문에

247 —— 좀비를 보았다

251 —— 뒤처질까 두려워

254 —— 조커는 없다

257 —— 욕망의 전송

260 —— 반쪽짜리 태평성대

265 —— 탄수화물 끊기보다 어려운 건

268 —— 별종의 좌표

273 —— **에필로그**

추천의 글

함께 방송한 지 거의 10년이 된 최광희. 대체자가 없을 정도로 매우 솔직하고 거친 재미가 있는 최광희 형과 함께 방송하는 것이 좋다. 언젠가부터 읽어온 그의 글을 통해 또 다른 최광희를 만났다. 말보다 글이 더 솔직하고 더 대중적인 매력이 있다.

내가 방송에서 자주 하는 말이 있다. "이 형, 글 참 잘 써!" 최광희 형의 글이 책으로 완성되었다니 기대된다.

"광희형~ 앞으로는 책으로만 만나요~"

— 최욱 〈매불쇼〉 진행자

20년 전, 한 토론회에서 처음 그를 만났을 때, 강한섭 교수는 그를 "열혈청년"이라 소개했다.

뜨거운 피를 가진 오십 대 영화평론가는 영화계 모두가 눈치 보며 관망하던 스크린 독과점 문제를 홀로 저격하는 독보적인, 그러나 예의 바른 싸움꾼이었다. 5년 전 그는 남태평양의 한 섬으로 떠날 결심을 한듯했다. 더운 피를 식히고, 이젠 휴화산 모드로 진입하려나 싶었다.

이 책을 통해 알았다. 최광희는 그동안 치열하게 익어가고 있었다는 걸. 그는 향그런 풍미를 지닌 존재로 차분히 농도를 채워가고 있었다. 열대의 섬이 아닌 봉천동 반지하에서, 백수인 작은형과 함께 떨어진 화장실 타일을 복원하듯. 21세기 지구라는 시공간과 그 속에 한 점으로 거하는 자신을 응시하는 시선, 그것이 빚어낸 언어로 사유의 금고를 채워가고 있었다. 사유로 채워진 성城의 광휘에 오랜만에 눈이 부시다.

— 목수정 작가

프롤로그

"미치광희"라는 내 별명은 〈매불쇼〉 진행자 최욱 씨가 지어주었다. 내 이름 "광희"가 "미치광이"의 "광이"라는 말과 유사해서 붙인 일종의 말장난이다. 그 방송에 처음 나간 게 2018년이었으니 그렇게 불린 지 벌써 7년이나 되었다.

그가 나를 "미치광희"라고 부른 것은 몇 가지 사건(?) 때문이었다. 2017년 가을, 나는 삼성전자의 TV 광고에 그야말로 어쩌다 불려나갔는데 그때 받은 출연료로 LG전자의 TV를 샀다고 〈매불쇼〉에서 말했다. 나는 아직도 그게 미치광희 소리를 들을 일인지 의아하다. 광고에 출연하고 돈을 받는 건 그저 거래일 뿐이다. 그 밖의 것에서 광고주에게 충직할 필요는 없다. 나는 가전은 LG전자가 더 좋다고 생각해서 그렇게 했을 뿐인데, 그게 뭔가 사람들의 통념을 거스르는 지점이 있었던 모양이다.

두 번째 사건은 봉준호 감독의 〈기생충〉이 칸영화제에서 황금종려상을 받았을 때였다. 당시 〈KBS 뉴스〉에 출연한 나는 "칸영화제는 어느 정도 권위의 영화제입니까?"라는 질문을 받았다. 앵커의 질문이 좀 뻔하다고 생각했다. 사실 약속된 시나리오처럼 주고받을 대화 내용은 다음과 같았다.

"네, 세계 최고 권위의 영화제입니다."

"그렇다면 거기서 우리 영화가 최고상을 받은 건 어떤 의미일까요?"

"엄청난 의미입니다."

나는 생방송이 진행되고 있는 순간, 이런 대화의 한 역할을 수행하기 위해 스튜디오에 앉아 있는 나 자신이 한심하게 느껴졌다. 해외에서의 모든 문화적 성취를 국가주의적 관점(이른바 '국뽕')에서 말하는 걸 거들어야 하는 신세가 되어야 했으니 말이다. 나는 문화를 문화적 차원에서 말하고 싶었다. 그래서 앵커에게 기습 질문을 던졌다.

"혹시 지난해 칸영화제 황금종려상 수상작을 아십니까?"

그는 당연히(?) 몰랐다. 누군가는 이걸 모르는 게 대수는 아니라고 할지 모르지만, 적어도 뉴스를 진행하는 언론인이라면 한국영화가 상을 탄 영화제의 이전 수상작들에 뭐가 있는지 정도는 찾아봤어야 했다. 더 나아가 나는 칸영화제 수상작 정도는 평소 관람하는 게 지성인의 문화생활이라고 믿었다. 그래서 나는 다음과 같이 비꼬았다.

"보십시오. 거기까지입니다. 한국영화가 상을 탈 때만 없던 권위가 갑자기 생깁니다."

이 일은 사실상 방송 사고와 같은 일로 취급되었고, 당시 〈매불쇼〉에서 나는 다시 한번 "미치광희" 인증을 받았다. 그 밖에도 내가 미치광희 소리를 들을 일은 꽤 많았다.

처음엔 약간 모욕당하는 기분이 들었던 게 사실이다. 그러나 자꾸 듣다 보니 애칭에 가깝다는 생각이 들었다. 사람들이 나에 대한 친근감을 그 별명으로 표현하기도 했으니 어느새 공적인 자리에서도 나 자신을 "미치광희 최광희입니다"라고 소개하고 있었다. 여러 가지 일이 중첩되면서 얻은 "미치광희"라는 별명을 사랑하게 된 것이다.

그 별명이 갖는 중의성이 내가 추구하는 바를 드러내기 때문이다. '미쳤다'는 말 그대로 '제정신이 아니다'라는 뜻이다. 그러나 한편으로 '멋있다'라는 뜻으로도 통용된다. 영어 'crazy'도 뛰어나다, 멋있다 등의 어의로 더 자주 쓰인다. 이렇게 아전인수를 해보면 "미치광희"라는 별명이 듣기에 나쁘지 않았다.

나는 통념이나 고정관념에 반하는 언행을 곧잘 해왔다. 많은 사람이 말하는 세상의 논리에 대해 "왜 꼭 그래야만 하지?"라는 생각이 들면, 그 논리에 역행하는 짓을 해놓고 아무렇지 않게 말해버리는 것이다. 그렇게 해서 내가 욕을 먹는다 하더라도 "저 사람은 왜 저런 말을 할까?" 하며 한 번쯤 생각해 보는 이들이 반드시 있을 것이라는 희망 때문이다.

실제로 나는 SNS에 "담배꽁초를 거리에 버린다"라는 게시물을 올렸다가 엄청난 악플을 받았다. 그 다음에 "(거리에서 꽁초를 줍는)일자리를 창출하고 흡연구역을 충분히 만들지 않는 행정에 저항하기 위해서"라는 글을 올렸는데 그저 변명에 불과하다는 반응이 돌아왔다. 그러나 현실 생활에서 나를 알고 인사를 건네온 많은 분이 그 게시물이

"대단히 신박했다"고 칭찬해 주었다. 이럴 때 나는 미치광희 소리를 천만번 들어도 흡족하다.

어떤 분들은 내게 "당신은 왜 그렇게 삐딱한가요?"라고 묻는다. 그럴 때마다 나는 이렇게 대답한다.

"제가 삐딱한 게 아닙니다. 세상이 삐딱하고 저는 똑바로 서 있습니다. 그러면 삐딱한 세상에 맞춰 서 있는 분들의 시선엔 제가 삐딱하게 서 있는 것처럼 보이지 않겠어요?"

누군가에게는 '궤변'처럼 들릴 것이다. 궤변은 이치에 어긋나는 논리를 억지로 참이라고 우기는 것이다. 그런데 한 번쯤은 그 이치의 근거에 대해 차근차근 따져보는 것도 필요하다고 생각한다. 이유를 알아야 이치가 과연 합리적인 건지, 그저 맹목적으로 따르는 관성인지를 판단할 수 있다. '미치광희의 궤변'도 그런 모색을 위한 언어적 도발이라고 할 수 있다. 그러나 그 안에 반드시 내가 살아가는 세상에 대한 나름의 통찰이 담겨 있어야 한다. 그 통찰을 통해 동시대 사람들과 교감을 만들어내는 게 글을 쓰는 사람으로서의 내 소망이다.

발언의 기회를 흔쾌히 내준 걸 넘어 나를 미치광희라고

불러준 매불쇼 제작진과 책을 내도록 등을 떠밀어 준 출판사 분들께 감사드린다.

2025. 7. 1.

미치광희 최광희

가장 높은 곳의

가장 낮은 집

  1970년대 중반까지 서울 관악구 봉천동 양녕로 일대는 조그만 야산이었다. 그럭저럭 숲이 있고, 중간중간 산소들도 있었는데 나를 비롯한 동네 꼬마들의 천연 놀이터이기도 했다. 우리 집은 야산에서 불과 200여 미터 떨어진 중앙시장 뒷골목에 있었다.

  내가 초등학교에 들어가기 직전, 불도저가 산에 찾아와 야산을 깎았다. 이 작업에 당시 실업자였던 아버지가 투입되었다. 어느 추운 겨울날 공사 중인 야산에서 시끄러운 소리가 나서 동네 친구들이랑 가보았더니 현장 소장이 인부들 임금을 떼어먹은 모양이다. 아저씨들은 추위를 녹이려고 불길이 피어오르는 드럼통을 사이에 두고 거세게 항의했다. 싸움 구경은 제법 흥미로웠다. 아버지는 뒷짐을 진 채 서 있기만 했다. 어머니는 그런 아버지에게 "만날 하는 일이라곤 돈이나 떼어 먹히는 멍청이"라고 타박했다.

아무튼 그렇게 또 하나의 동네가 생겼다. 야산을 깎았기 때문에 완만한 언덕의 큰길과 급경사 도로를 사이사이에 두고 집들이 지어졌다. 대부분 2층 양옥집이었는데, 나중에는 다가구 주택들도 여기저기 들어섰다. 어머니는 1988년에 생애 처음으로 이곳의 다가구 주택 가운데 가장 싼 집 하나를 구매했다. 큰형의 신혼집을 얻어준 것이었는데, 형수와의 고부갈등이 극에 달하자 형 부부는 인천으로 야반도주했다. 그때 분노에 치를 떨던 어머니의 표정은 다시 떠올리고 싶지도 않다.

내가 대학교 2학년 때인 1990년에 큰형 부부가 남겨놓고 간 집으로 이사를 갔다. 이 동네의 가장 높은 곳에 세워진 다가구 주택 1층이었다. 출입문은 1층이지만 경사 때문에 반쪽은 반지하다. 이 집에 살면서 군대를 다녀왔고 취직을 했다. 그리고 결혼과 동시에 봉천동을 떠났다가 이혼한 뒤 24년 만에 이곳으로 돌아왔다.

전망이 불투명한 청춘의 한숨이 묻어 있는 곳으로 유턴하고 나니 만감이 교차했다. 이 동네에 원래 세워졌던 2층 양옥집은 거의 사라져 원룸 빌라로 바뀌었고, 이제 그곳에는 젊은이들이 산다. 젊은 외국인들이 근방의 서울대로 공부하러 왔는지, 일하러 왔는지 이 거리를 왔다 갔다 하는 걸 보면 격세지감이 든다. 과거 야산이었을 때는 상상도 못했던 일이다.

지역의 변화상은 한국 사회의 방향성을 상징한다. 원룸 주택이 불쑥불쑥 솟은 것은 임대 사업이 남는 장사임을 소유주들이 알아차리고 잽싸게 실현했기 때문이다. 이곳의 연령대 구성은 극단적으로 나뉘는데, 태반이 늙은 소유주들과 젊은 세입자들이다.

탈출하는 게 청춘의 유일한 꿈이었던 나는 아파트를 버리고 야산의 땅굴 속으로 기어들어 온, 이곳의 거의 유일한 중년이 아닐까. 그곳이 언덕 꼭대기의 반지하 집이라는 건 상징적이다. 가장 높은 곳의 가장 낮은 곳. 세상을 넓은 시야로 조망하되 낮은 자세로 임하라는 계시일까.

기분 문제

아니던가

내가 양변기 딸린 화장실을 처음 접한 건 초등학교 6학년 때였다. 그전까지는 두 집이 함께 쓰는 푸세식 화장실이었는데 제법 집다운 집으로 이사를 갔던 것이다. 일단 악취로부터 해방되었다는 것이 내겐 황홀한 변화였다. 그놈의 악취 때문에 나는 아침마다 푸세식 변소를 뒤로 하고 인근 마트의 화장실로 향하곤 했으니까. 쭈그려 앉아야 하는 건 매한가지였지만 냄새가 안 난다는 것만으로도 쾌적한 배설 환경이었다.

그런데 양변기가 있는 집으로 이사한 뒤 내겐 또 다른 고민이 생겼다. 변기에 엉덩이를 대고 앉는 것이 도통 익숙해지지 않았기 때문이다. 그 자세로는 도무지 괄약근에 힘을 줄 수 없었다. 그래서 나는 그 전 화장실에서 앉던 대로 변기 위에 올라타 쪼그려 앉는 방식으로 일을 보았다. 그렇게 앉으면 당연히 더 불편하다. 그럼에도 오로지 괄약근 운동의 예전 버릇을 버리지 못해 무릎 관절의 통증을 참으며 그 자세를 한동안 유지했다.

세상 대부분의 화장실이 양변기로 바뀔 즈음에야 나는 자세 교정이 대세임을 자각했다. 언제까지 이 구태의연하고 추잡한 자세를 유지해야 하는가? 나는 양변기 위에 올라타는 자세에 환멸을 느꼈다. 게다가 고등학생이 되어 여자친구까지 생긴 마당에 새로운 문명에 적응하는 것이 급선무였다. 누구도 내가 어떤 자세로 변기에 앉는지 알 수 없지만 나 스스로 떳떳하지 않다고 생각했던 것이다.

대학교 2학년 때인 1990년에 지금의 봉천동 언덕길의 반지하 집으로 이사했다. 여기 화장실은 그 전 집보다 더 신박했다. 양변기가 녹색이었던 것이다. 그 색깔 변화만으로도 나는 왠지 더 세련된 환경으로 업그레이드된 것 같은 착각에 빠졌다. 양변기 색과 쾌변 사이의 상관관계는 과학적으로 입증된 바 없다. 그건 그냥 기분 문제였다.

1996년에 결혼하며 그 집을 떠난 뒤, 이런저런 인생의 굴곡을 지나 2022년 초 다시 복귀했다. 작은형이 혼자 살고 있었는데 집은 거의 폐허 수준이었다. 안 그래도 반지하라 낮에도 어두컴컴한데 전혀 관리를 하지 않은 탓에 손볼 데가 한두 군데가 아니었다. 나 역시 그런 걸 일일이 챙길 마음의 여유가 없어 방치한 채로 또 시간이 흘렀다. 그리고 2023년 가을부터 나는 하나둘씩 집을 고치기 시작했다. 위층의 누수가 전화위복이 됐다. 위층 집에서 보험금이 나와 우리 형제에게 거금 400만 원이 떨어진 것이다. 일단 누리퀴퀴한 벽지 위에 흰색과 핑크색, 민트색 페인트를 칠하고 바닥엔 카펫을 깔았다. 고장난 보일러를 교체하고 오래된 가전을 바꾸자, 제법 사람 사는 집 꼴이 만들어졌다.

그럼에도 만족할 수 없었던 것은 화장실이었다. 아예 작동하지 않는 오래된 세탁기가 화장실 맨 안쪽을 떡하니 차지하고 있고 세면대는 언제 떨어졌는지 온데간데없었다. 벽 타일은 세월 때문에 비틀어져 여기저기 금이 갔고, 바닥 타일은 절반 가까이 떨어져 있었다. 일을 보러 들어갈 때마다 정말 심난해졌다. 샤워할 각이 나오지 않아 씻을 엄두가 안 났다. 샤워를 해야하면 동네 사우나에 갔고 양치질과 세수는 거실 싱크대를 이용했다. 화장실을 고치려면 꽤 많은 돈이 필요했으니 문제는 큰맘을 먹어야 한다는 것인데, 그놈의 큰맘을 좀처럼 먹을 수 없었다. 빈곤의 부작용이 바로 이것이다. 물리적으로 돈이 없어서가 아니라 있어도 겁이 나 잘 쓰지 않는다는 것. 그래서 생활 환경은 갈수록 악화된다.

변증법적 차원의 '양질 전환의 법칙'이 작동하려면 모순이 축적되는 시간이 필요하다. 모순이 양적으로 쌓이고 쌓이면 언젠가 질적으로 바뀌는 순간이 찾아온다는 것인데, 그해 가을이 그랬다. "더 이상은 안 돼!" 하며 속으로 비명을 지르기 시작한 것이다. 때마침 작은형이 슬쩍 제안해 온 게 특효였다. "타일이라도 바꾸자"며 화장실 개선 작업에 의지를 보여주었다. 나는 앱으로 견적을 받아 곧바로 공사 의뢰를 했다. 그리고 사흘간의 공사가 시작되었다.

귀신이라도 나올 것 같던 화장실이 어떻게 바뀌었는지에 대한 상세한 묘사는 이 글의 목적이 아니다. 다만, 새 화장실은 내가 생애 처음으로 양변기 화장실을 접했을 때만큼 혁명적이라는 사실을 강조하고 싶다. 이 정도 수준의 화장실은 살면서 아주 흔하게 접한다. 그러나 그 화장실이 우리 집에 있다는 게 중요하다. 화장실 문을 열고 들어갈 때마다 나는 퀴퀴한 반지하 집에서 세련된 호텔의 잘 꾸며진 공간으로 미끄러져 들어가는 기분이 든다.

그렇다. 기분 문제다.
사실 삶의 거의 모든 국면은 기분 문제 아니던가.

궁핍은 그저

불편일 뿐

 어릴 적 나와 작은형이 함께 썼던 방은 지저분함의 극치였다. 한 달 가까이 옷가지와 이런저런 물건을 산더미처럼 쌓아놓고 지냈던 적도 있다. 그때 우리는 매일 조금씩 정리하는 것을 에너지 낭비라고 여겨서 한 번에 몰아서 치우는 게 익숙했다. 비슷하게 형편이 궁핍한 친구 집에 가봐도 상태는 마찬가지였다. 그래서 나는 지저분하게 살기 때문에 더 가난해지는 것이 아닌가, 하는 생각까지 들었다.
 내가 봉천동 집에 다시 들어갔을 때만 해도 작은형의 생활 방식은 어릴 때와 거의 다를 게 없었다. 어질러진 상태를 방치하다가 하루 날을 잡아 대청소하는 식이었다. 그러다 내가 거실에 카펫을 깔고, 형이 오래된 벽지 위에 페인트를 칠한 후 거의 매일 청소하게 되었다. 샤워할 때마다 화장실도 윤이 나게 닦았다. 근사하게 바뀐 집을 깨끗하게 관리해야겠다는 마음이 자연스럽게 들었기 때문이다.

가난한 사람들의 생활 환경이 그리 좋지 않은 건 가난해서이기도 하지만, 좀 더 정확히 말하자면 무기력해서이기도 하다. 어차피 돼지 목의 진주 목걸이처럼 될 텐데 꾸며서 무엇하리? 하는 자포자기 심정이 작동하니까.

무기력에서 벗어나면 궁핍은 그저 불편일 뿐.
그래서 자신의 주변부터 차근차근 정리하고 꾸미는 일은 중요하다. 그로부터 가난 혹은 빈곤감이 제거된다. 몸을 움직여 변화를 만들어 내다 보면, 계속 그러고 싶은 의욕이 생기는 것이다.

도망치는 건 부끄럽지만

도움이 된다

 사람들이 내게 가장 흔하게 하는 질문은 "어쩌다 영화평론가가 되셨어요?"다. 그럴 때마다 나는 말한다.
 "도망치듯 살다 보니 평론가가 되어 있더군요."
 사실이다. 나는 단 한 번도 영화평론가가 되겠다는 꿈을 품은 적이 없었다. 그냥 살다 보니, 조금 더 정확하게는 불만족스러운 현재로부터 끊임없이 도망치다 보니 영화평론가가 되어 있었다.

재수할 때는 역사 교사가 꿈이었다. 재수 학원의 국사 강사가 꽤나 멋져 보였기 때문이다. 나는 그의 역사관에 반해서 사범대 역사교육과에 입학했다. 그러나 대학 시절을 보내며 방송국 피디로 진로를 바꿨다. 당시 TV에서 본 〈인간극장〉 같은 휴먼 다큐멘터리를 만들고 싶었다. 하지만 덜컥 YTN 입사 시험에 붙어버렸다. 거긴 기자만 뽑았는데 "모의고사 치르는 기분으로 지원해 보라"는 스터디 클럽 리더의 얘기를 들은 게 화근(?)이었다. 막상 붙으니 견물생심이 생겨버린 것이다. 어머니가 어서 돈 벌어오라며 은근히 등을 떠민 것도 작용했다. 그래서 팔자에도 없는 방송 기자의 길을 걷기 시작했다.

마침 첫 임무가 스튜디오에서 뉴스를 제작하는 피디 일이어서 그럭저럭 만족하며 다닐 수 있었다. 그러나 그 일은 6개월에 그쳤다. 곧 취재 부서로 발령 났기 때문이다. 사회부 기자로 일할 무렵 나는 특종을 꽤 많이 했다. 그 가운데 가장 큰 특종은 경찰청장의 친인척 비리를 폭로한 것이었다. 당시 경찰청장의 동생이 형의 '빽'을 이용해 서울 시내 거의 모든 경찰서의 용역 이권을 독점한 일이 있었고, 경찰청 인사 등의 고급 정보까지 비밀 루트를 통해 확보하고 있었다. 나는 그것을 취재해 폭로했다. 그런데도 경찰청장은 경질되지 않았다. 김대중 정부 시절에 일부 인사 티오를 야당에 분배했고, 경찰청장은 당시 야당이었던 한나라당이 추천한 인물이었으므로, 그 사건에 대해 시비를 걸지 않았기 때문이다. 사건은 경찰청장의 비서관이 경질성 좌천을 당하는 걸로 일단락됐다.

거대한 비리가 정치 논리에 의해 희석되는 상황을 목격하면서, 나는 기자라는 직업에 대해 깊은 회의에 빠졌다. 결정적으로 그 생활을 접기로 결심했던 것은 골프 담당 기자를 하게 된 이듬해, 사장으로부터 주말 라운딩 부킹을 요구받았을 때다. 나는 그 요구를 내게 전달한 부장에게 "나는 기자이지 사장 비서가 아닙니다"라고 말했고, 일주일 뒤 사표를 냈다. 말하자면 나는 방송 기자라는 직업으로부터 도망친 것이다.

그즈음 내게 러브콜을 보낸 매체가 영화 주간지 《필름 2.0》이었다. 아는 언론계 선배가 가 있었기 때문인데 평소 영화를 좋아한 나는 두말없이 옮겼다. 황홀했다. 옮긴 첫해 칸, 베니스, 베를린까지 세계 3대 영화제를 연속으로 취재할 수 있었다. 스크린에서만 보던 쟁쟁한 감독과 배우들을 만나 인터뷰했다. 칸에서 이연걸과 오드리 토투를 인터뷰했고, 뉴욕에서 줄리아 로버츠와 캐서린 제타 존스를 만났다.

영화 주간지 기자는 대단히 흥미로운 직업이다. 회사가 재정적으로 튼튼하다면 말이다. 불행히도 《필름2.0》의 경영난은 갈수록 심각해졌다. 매체 시장은 종이 잡지 시대의 종언을 고하고 있었고, 월급이 나오지 않는 날이 많아졌다. 곧 침몰할 배처럼 아슬아슬했다.

나는 다시 짐을 쌌다. 더 이상 버텼다간 못 볼 꼴을 보게 될지도 몰랐다. 딱히 갈 데도 마땅치 않았다. 부산MBC 영화 프로그램에 출연하던 걸 핑계 삼아 프리랜서로 전향했다. 그것이 내가 영화평론가로 불리기 시작한 연유다. 그야말로 '어쩌다 보니' 평론가가 되어버린 셈이다. 그 길 말고는 밥 벌어먹을 길이 없었다.

무언가를 추구하고 그것을 성취하며 사는 삶은 근사해

보인다. 그러나 그럴 수 있는 사람이 과연 몇이나 될까. 나처럼 도망치듯 사는 길도 과히 나쁘지는 않다고 생각한다. '하고 싶은 걸 한다'는 것과 '하기 싫은 건 참지 않는다'는 정반대로 보이지만 동전의 양면과 같다. 하기 싫은 걸 억지로 참느니 도망치는 것도 삶의 방편이고, 그 길에서 진짜 자신이 원하는 것을 찾을 수도 있다. 한 일본 드라마의 제목이 내 인생의 수식어로 제격이다. '도망치는 건 부끄럽지만 도움이 된다.'

오늘

생존법

    목표 지향적 삶은 유치하다. 사실 사람이 목표를 정해놓고 정진하는 것은 부자연스럽다. 생물로 태어난 모든 존재의 목표는 생존, 딱 그거 하나 아닐까. 그 밖의 목표는 유능한 자본주의 노예가 되기 위해 학습되었거나 주입된 것이다. 따라서 나는 그런 게 부질없다고 믿는다.

    내가 성취해야 할 것은 오늘 하루의 생존이다. 잠에서 깨어나 맞이하게 된 오늘 하루, 나는 살아남는다. 이 '살아남는다'는 한 달이 되면 '살아간다'가 되고, 1년이 되면 '살아나간다'가 된다.

  오늘 하루의 생존이 목표가 됐을 때 몸에 집중해야 한다. 즉 건강이다. 이 또한 '오늘 하루'에 집중한다. 금주라는 목표를 정했다면 이때 나는 오늘 하루의 금주를 목표로 삼는다. 그리고 그 목표는 내일 아침에 리셋된다. 이렇게 하루하루 목표를 생성하고 완수하는 걸 반복한다.

  나는 "새해부터"나 "다음 달부터" 따위의 말로 시작하는 목표는 세우지 않는다. 목표의 실천 원칙은 딱 하나, '지금 당장 못하면 앞으로도 못한다'이다. 다만 삶의 원칙과 태도는 오늘 하루가 아닌 장기적 차원에서 정할 수 있다. 이것은 목표가 아니라 모토다.

  나의 모토는 이러하다.

- 쓸데없이 바쁘게 살지 말 것
- 필요 이상으로 많은 돈을 벌려고 하지 말 것
- 필요와 욕망을 구분할 것
- 발언할 때 비겁하지 말 것

우다다 달리는 고양이들만 있으면

"요즘 아이들은 꿈이 없어 큰일"이라는 말을 자주 들었다. 그때마다 아는척하느라 고개를 주억거렸지만, 생각해보니 나 역시 그랬던 것 같다. 내 어릴 적 꿈이 뭐였는지 기억나지 않는다. 정말 뭐였지?

한때는 장난감 가게 주인이었다가, 또 한때는 발명가였다가, 성장기 때 꿈이야 이렇게 저렇게 바뀌는 게 특징이라고 하지만, 나는 자신감 있게 장래희망이라는 걸 밝힌 적이 없었던 것 같다. 내게 미래라는 개념은 늘 흐릿하고 희미했다. 천장 너머 쥐들이 달리는 소리를 들으며 잠들 때면 그런 무서운 소리가 나지 않는 집에서 살고 싶은 마음이 꿈의 전부였다. 어휘력이 좀 있었으면 학교에서 나눠준 가정환경 조사서의 장래희망란에 이렇게 썼을 것 같다. '현재의 추레함에서 벗어난다. 그게 어디인지는 모르지만.'

고등학교 때도 그랬다. 1학년 때 나는 미대에 가고 싶었는데, 일찍 돌아가신 아버지 대신 가장 역할을 한 큰형한테 "철없는 소리"라고 일축당했다. 중학교 때까지 그림으로 나름 천재 소리를 들었던 나에게, 미술 선생님은 미대 입시반 친구들 내신 성적을 챙겨주느라 박한 점수를 주었다. 그림이 문제가 아니라 내가 미대 입시반이 아니었던 게 문제였다. 그래서 그림 그리는 것을 포기했던 것 같다. 포기할 때 가슴이 많이 아프진 않았던 걸로 기억하는데, 내가 그 꿈에 그리 절박하지 않았기 때문이 아닐까. 여전히 미래라는 개념은 내게 흐릿했고, 희미했다. 그러니 가슴 아플 일도 아니었다.

고3 때는 뜬금없이 담임을 찾아가 해군사관학교에 가고 싶다고 말했다. 나는 왜 군인이 되고 싶었던 것일까. 사관학교에 입학하면 배를 타고 전 세계를 돌아다닌다는 얘기를 들은 게 계기였던 것 같다. 그때가 1987년 6월 항쟁 직후 전두환 독재가 막 꺼져가던 때라 담임은 걱정 어린 표정을 지으며 만류했다. "광희야, 군바리들의 세상은 갔단다." 설마 그는 내가 쿠데타라도 꿈꾼다고 생각한 걸까? 여하튼 그래서 또 꿈을 접었다.

종합적으로 판단컨대, 내 성장기엔 꿈이 없었다. 그런데 꿈이 없거나 하고 싶은 일이 없다는 게 나쁜 것일까? 하고 싶은 일이란 것도 세상에 어떤 일이 가치롭고 흥미로운지 알아야 생기는 법이다. 뭐가 뭔지 모르면 하고 싶은 것도 상상할 수 없는 법이니까. 꿈이 없던 시절은 꿈을 꿀 수 없는 시대와도 연관된다. 그러나 순전히 내 개인 차원에서 그것이 반드시 불행한 건 아니다. 꿈을 꾸는 게 정상이라고 강요하는 게 비정상이다.

톺아보니 이차성징 이후의 꿈은 예쁜 여자와 만나는 것

밖에 없었던 것 같다. 그건 대단히 자연스러운 것이었다. 멀리 내다볼 수 없을 때, 멀리 내다보는 게 아무 의미도 없을 때, 당장 몸이 명령하는 욕구를 채우는 것만으로도 행복할 수 있었을 것이다. 그건 지금도 마찬가지다. 여전히 꿈꾸지 않는 시절을 살고 있지만, 나는 그럭저럭 행복하다. 여전히 미래는 흐릿하고 희미하다. 적어도 천장 너머 쥐들이 달리는 소리가 들리지는 않는다. 대신 고양이 두 마리가 우다다 달린다. 그걸로 충분하다.

작은 탐험

 1980년대까지만 해도 차가 있는 집이 드물었다. 1990년대를 지나면서 거의 모든 사람이 자동차를 필수품으로 여기게 되었다. 그러니 차가 우리 일상 속으로 들어온 건 불과 30년 정도밖에 안 된 셈이다. 이제 사람들은 자동차가 있는 걸 아주 당연하게 여긴다. 차가 없으면 생길 불편이 구체적으로 무엇인지, 그걸 감수해서 얻는 이득이 무엇인지 따져보지도 않고, 차가 없는 걸 왠지 불안해 한다.

 나도 24년 동안 화석 연료 차를 몰다가 환경을 생각하자는 마음에 2019년에 전기차로 바꿨고, 그마저 이듬해 팔아 치웠다. 뚜벅이 생활을 해보니, 차 없는 삶이 대단히 좋다는 것을 깨달았다.

걸어 다니는 건 신체 건강뿐 아니라 정신 건강에도 좋다. 사람은 직립보행 동물이라 걸을 때 몸이 최적의 상태가 된다. 게다가 시야에 박히는 풍경을 천천히 음미하며 생각을 가다듬을 수 있다. 철학자 칸트는 하이델베르크의 산책로를 매일 똑같은 시간에 걸었던 것으로 유명하다. 매일 같은 시간에 같은 산책로를 걷는 건 사유의 시간을 제공해서 아주 좋은 산책 방식이다. 늘 다를 것 없어 보이는 풍경이 계절의 변화에 따라 조금씩 달라지는 것을 본다. 이것은 우리 일상과 닮아 있다. 걸으면서 보는 풍경이 곧 인생과 생활의 은유이기 때문이다.

약속이 생겼는데 만나기로 한 장소가 처음 가보는 곳이라면, 나는 그 새로운 목적지를 찾아가는 것을 작은 탐험이라 여기고 대중교통을 이용한다. 이럴 때 곧잘 지도 앱을 보고 동선을 정하는데, 기왕이면 걷는 시간을 넉넉하게 확보한다. 걸어야만 목적지 인근 풍경을 천천히 음미할 수 있으니까. 어딘가로 떠나지 않아도 지인들과의 약속을 탐험의 기회로 활용한다면 서울만 해도 신기한 곳이 수두룩하다. 얼마 전 독서 토론 모임이 남산팔각정에서 있었다. 버스를 타고 케이블카 승강장에서 내려 팔각정까지 등산을 했다. 목적지로 가는 여정에서 본 아름다운 자연이 나를 한껏 기쁘게 만들었다.

약속 시간에 늦는 이들 중 태반은 차를 이용한다. 걸어서 움직일 수 있는데 굳이 차를 타고 막힌 도로를 이용하다 보니 실례를 범하는 것이다. 차를 타고 왔든 마라톤을 해서 왔든, 약속 시간을 못 지키는 건 엄연한 실례다. 하도 지각이 잦다 보니 어떤 사람들은 차가 막혀 늦은 지각은 대수롭지 않게 여긴다. 자신도 모르는 사이에 무례한 사람이 되는 것이다.

자동차 없는 생활의 무시 못할 장점 중에는 경제적 이득도 있다. 주유비, 주차비, 정비비, 보험료, 자동차세 등 차를 가지고 있으면 나가는 지출 규모가 꽤 크다. 이걸 아끼면 해외여행을 한 번 더 갈 수 있다. 부득이하게 차가 필요할 땐 렌트를 하면 된다. 그 비용이 자동차 보유비보다 훨씬 싸다.

'윤택'이라는 단어는 '있다'와 연결되곤 하는데, 오히려 '없다'와 어울리는 경우도 있다. 나에게는 자동차 없는 삶이 더 윤택하다. 꼭 필요하지 않은 것을 내 삶에서 제외했을 때, 걸어서 얻게 되는 쾌감이 차를 가져서 얻는 편리함을 압도할 때, 나는 정서적으로 더 풍요로워졌다.

추방의 기억

 시멘트로 대충 얼기설기 지어놓은 집들이 일렬로 늘어서 있는 동네가 내 최초의 기억 속 공간이다. 거기에는 오 남매 중 막내인 내가 동네 언덕에서 작은형과 흙장난을 하며 놀고 있다.

 그곳은 서울특별시 관악구 봉천동, 관악산 자락의 판자촌이다. 헤아려 보면 거긴 도시빈민의 집단 거주지였다. 그러나 부富와 빈貧의 개념이 형성되기 전이었던 내게 그곳은 낙원의 원형인 듯 자리 잡고 있다. 관악산에서 흘러내리는 개천에는 비 오는 날마다 미꾸라지들이 펄펄 날아올랐다. 우리 삼형제는 개구리를 잡아 구워 먹었다. 눈이 소복히 내린 겨울에는 큰형이 만든 눈 항아리 속으로 들어가 에스키모 흉내를 냈다. 원형적 기억 속의 봉천동은 아직 도시화되기 전 관악산과 개천이 천혜의 놀이터를 만들어 준 아주 평화로운 곳이었다.

동시에 그곳은 태어난 뒤 최초의 걱정이 탄생한 곳이기도 하다. 우리 집 굴뚝은 시멘트로 대충 올려 세웠나 보다. 나는 그게 기울어져 있다는 것을 발견하고 엄마에게 울면서 얘기했다. "엄마, 굴뚝 무너져!" 사실 굴뚝은 원래부터 기울어진 상태였을 게 분명하다. 그런데 나는 그 굴뚝이 무너질까 걱정했다. 우리 집이 약간 위태롭게 세워져 있다는 것을 인지한 무렵이었던 것 같다. 집이 위태롭다는 인식은 어디에서 기인한 것일까. 물론 그 동네 다른 집들과 비교할 수 있게 되면서부터다. 부와 빈의 차이에 대한 맹아적 인식이 싹튼 셈이었다.

그다음 기억은 점프 컷을 한다. 도시에 속했지만 사실상 전원 마을이었던 곳이 갑자기 산동네 판잣촌으로 배경이 바뀐다. 그사이 어떤 일이 벌어졌는지를 어릴 적 들은 증언과 위키백과를 통해 가늠할 수 있었다.

1973년 대통령 박정희가 우리가 살던 관악구 봉천동 228번지 일대를 방문했다. 하필 그곳은 고려시대의 무신 강감찬이 태어난 곳이었다. 무사를 기리고 싶었던 일본군 장교 출신 대통령은 거기에 강감찬을 기리는 기념 공간을 세우라고 명령했다.

하여 우리는 낙성대공원 건립에 밀려났다. 원래 무허가 주택이었으므로 어떤 보상도 받지 못했고, 내 부모는 다섯 형제를 이끌고 별수 없이 그 산동네에서 보이는 또 다른 산동네, 서울시 관악구 봉천동 산81번지로 쫓겨난 것이다. 내가 네 살 때 맞게 된 생애 최초의 추방이었다.

굶지 않는 백수는

얼마나 축복인가

작은형은 신용불량자다. 매일 우편함에 독촉장이 쌓인다. 이런저런 채권추심 회사의 독촉장, 건강보험료 독촉장, 세금 독촉장 등등. 어머니가 남긴 봉천동 반지하 집에 들어와 그와 함께 사는 덕분에 나는 사람이 돈 한 푼 쓰지 않고 어떻게 살아가는지 목격할 수 있었다.

신용불량자라는 말 자체의 어감이 썩 좋지 않아서 혹자는 폐인의 모습을 연상하거나 인생 종 친 사람이라고 생각할 수도 있을 것 같다. 그러나 인식의 전환을 해보면 꼭 그렇지도 않다.

서구 은행업은 중세의 민간 고리대금에서 시작돼, 19세기에는 로스차일드 가문 등 유대인 금융가들이 큰 영향력을 행사했다. 지금은 규모와 구조가 달라졌지만, 돈을 빌려주고 이자를 받는 기본 원리는 변함없다. 그러니 은행은 쉽게 말해 규모가 큰 민간 고리대금업자다. 그자들이 형에게 돈을 꿔줬고, 형은 갚을 수 있는 사정이 안 되어, 그러니까 돈벌이를 할 수 없는 지경이 되어 대출 상환을 하지 못했다. 그래서 그 민간 고리대금업자들이 거래를 중지한 것이다. 그러므로 '신용불량'이란 순전히 채권 은행의 입장에서 부르는 분류이지, 작은형이라는 인격체가 '불량'인 것은 아니다.

2022년 새해 벽두에 내가 처음 이곳에 왔을 때 그는 잔뜩 주눅 들어 있었다. 배달하는 사람이 문이라도 두드리면 후다닥 안방으로 숨었다. 혹시라도 채권추심원이 방문했을까 봐, 혹은 법원에서 압류 딱지를 붙이러 왔을까 봐 두려웠던 것이다. 형은 깡패들이 찾아와 빚을 독촉하는 영화 장면을 많이 본 게 틀림없다. 그나마 다행인 건 그는 제2금

용권까지 대출을 받았을 뿐, 사채까지 쓰지는 않았다.

나는 그의 두려움을 덜어주려고 이런 경우에 법이 동원되는 절차와 과정을 설명해 주었다. 만약 채권추심원이 집에 들어오면 무단 침입죄가 된다고도 알려주었다. 친구한테 돈을 빌렸다가 사정이 생겨 못 갚는 상황에 빗대어 철저히 민사民事에 해당하는, 그러니까 당사자 간의 문제에 해당하는 것이라는 말도 해줬다. 그는 적잖이 안심하는 눈치였다.

그 뒤로 작은형은 집 밖으로 나가 사우나도 하고 필요한 물건도 사 왔다. 외출 자체를 극도로 꺼리던 모습에서 꽤 진일보한 것이다. 나는 의욕을 되찾은 그가 어서 빨리 일자리를 구해 개인파산 신청이라도 할 수 있기를 바랐다. 그러나 지금은 생각을 바꾸었다. 나는 그가 평생 신용불량자로 남더라도 억지로 경제생활을 할 필요는 없다고 생각하게 되었다.

누구라도 먹고 살기 위해 하고 싶지 않은 일을 억지로 할 필요는 없다. 사정이 허락한다면, 놀고먹는 건 아주 권할 만한 삶의 방식이다. 굶지 않는 백수는 얼마나 축복인

가. 내가 보기에 그는 근로 의욕이 전혀 없으며 종일 방에 틀어박혀 지낸다 하더라도 유튜브와 넷플릭스만으로 충분히 즐거울 수 있는 사람이다. 그런 그를 '폐인'으로 규정한다면, 그 규정 행위 자체가 인식론적 폭력이다.

 가끔 큰형이 전화를 걸어와 작은형을 책망하며 한심한 놈 취급을 하는데 나는 그때마다 "사람마다 사는 방식이 다 다르고 부양가족이 없는 작은형이 경제활동에 집착할 이유가 없다"고 반박한다. 당연히 큰형은 나의 발상을 이해하지 못한다. 그는 사람이라면 자기 앞가림 정도는 해야 한다고 굳게 믿으며 육십 평생을 살아왔으니까. 사냥을 하지 않으면 굶어 죽는 세렝게티의 치타라면 그의 지론이 타당하다. 그러나 여기 21세기 대한민국은 먹을 게 부족한 정글이 아니다. 하물며 경제활동을 하는 형제가 많은 작은형이 굶을 일은 없어야 정상이다.

 문제는 그가 신용불량자인 게 아니다. 그로 인해 사회로부터 낙인이 찍히는 것, 최소한의 자존감을 상실하는 것. 그게 진짜 문제다. 사람은 자신이 쓸모없는 인간이라고 생각하는 순간부터 살아갈 의욕을 잃는다. 그러므로 작은형의 두려움을 제거하는 것은 한 실존적 개인의 삶에 아주 중요한 일이다. 나는 그가 자존감을 회복하고 자랑스러운 백수로서 즐겁게 살기 바란다. 전기, 수도, 가스비는 동생인 내가 낸다.

도박 같은

삶

 내 유년의 기억 속에서 어머니와 형들, 누나들은 자주 등장하는 데 반해 아버지의 모습은 거의 없다. 아버지는 형제들의 입을 통해서만 등장했다. 내가 어릴 적, 형은 당시 관악산 정상에 막 생긴 기상대를 가리키며 말했다.
 "저거 우리 아버지가 만든 거다."
 나는 그게 자랑스러웠다. 산꼭대기에 우뚝하고 소담하게 앉아 있는 둥근 모양의 기상대, 그때까지 내가 본 가장 아름다운 건축물이었다. 그걸 아버지가 만들었다니! 너무

흐뭇해서 막 어울리기 시작한 동네 친구 녀석들에게 자랑하곤 했다.

"저거 봐라! 울 아버지가 만든 집이다!"

그런데 아버지는 왜 내 유년의 기억 속에 거의 존재하지 않는 것일까. 그 의문은 조금 커서 풀렸다. 아버지는 토목 공사 현장의 인부로 전국 방방곡곡을 돌아다녔다. 1970년대 개발 독재 와중에 도시빈민 노동자가 가장 쉽게 선택할 수 있는 직업은 토목 현장의 인부였다. 아버지는 돈을 조금 모아 군 시절 포병 하사관으로 일했던 경험을 토대로 채석장 사업을 시작하려고 했나 보다. 나중에 전해 들은 어머니 증언에 따르면, 내가 열네 살 때 돌아가신 아버지는 사업을 같이 하기로 한 친구에게 사기를 당해 종잣돈을 모두 날렸다.

앞서 아버지는 어머니와 결혼 직후 사병들에게 줄 월급으로 도박을 하다가 그 돈을 모두 날렸고, 부대에서 탈출하고 말았다. 그러니까 탈영병, 아니 탈영 하사관이었다. 수시로 헌병이 그를 잡으러 집에 찾아왔다고 한다. 그래서 집에 있는 날보다 없는 날이 더 많았던 것이다. 내 유년기 기억 속에 그의 존재감이 미미한 것은 이유가 있었다.

강원도에서 나고 자랐던 아버지도 내가 그를 잃었던 열네 살에 그의 아버지와 사별했다. 그리고 홀어머니 밑에서 자라다가 하필 태평양 전쟁이 벌어졌을 때 막 성인이 되어 일본군으로 징병당했다. 같은 시기 그의 어머니는 사할린으로 징용되었다. 필리핀 전선에서 미군과 싸우던 그는 겨우 목숨을 건져 해방 후 귀국했지만 어머니는 영영 돌아오지 못했다. 생사조차 알 수 없었다. 졸지에 가족이 사라져버리자 혼자가 된 그가 선택할 수 있는 길은 일본군 징병 시절의 전투 경험을 앞세워 한국군 하사관으로 입대하는 것이었다. 월급 주고 먹여주고 재워주는 곳은 군대밖에 없었으니까.

전라남도 담양의 포병 부대에 부임한 그는 거기서 어머니를 소개받아 결혼했다. 그가 일찌감치 도박에 손을 댄 건, 아마도 그 어떤 것에도 기댈 곳 없이 아득하게 고독한 그의 절망적 상황, 운에 따라 사람 목숨이 왔다 갔다 하는 전쟁터에서 젊은 시절을 보낸 개인사와 무관하지 않을 것이다. 그를 둘러싼 역사가 도박 같았으니까.

아버지의 삶을 한국 현대사의 맥락 속에서 재구성하는 일은 매우 필요한 작업이었다. 하지만 아들 입장에서 아버지를 흔쾌히 용서할 수 있었던 건 아니다. 너무 일찍 떠난 아버지. 평생 이렇다 할 직업이 없어 가난을 물려주고 간 아버지. 아들에게 아버지 되기의 롤모델을 보여주지 않은 아버지. 그래서 내겐 아버지 콤플렉스가 잠재돼 있었다. 아마도 내가 자식을 낳지 않은 것은 좋은 아버지가 될 자신이 없었기 때문인지도 모른다.

콤플렉스는 질투를 유발하기 마련이다. 지인 중에 사회적으로 인정받는 이들이 아버지의 영향을 받았다고 말하면 질투심이 끓어올랐다. 넌 좋겠다. 아버지가 의사셔서, 교사셔서, 낭만적인 예술가셔서, 월급날마다 통닭을 사들고 오셔서, 늘 책을 사주셔서. 이런 유치한 생각들.

하지만 뭐든 시간이 해결해 준다. 원망도 그리움도 흐려졌다. 아버지가 너무 일찍 없어진 덕분에 나는 성장기에 이를 악물었다. 누군가의 기대에 부응하는 게 아니라 나에 대한 기대를 내 스스로 만들었다. 첫 번째 기대는 절대적 가난에서 탈출하는 것이었고, 두 번째 기대는 사회에서 가치 있는 존재가 되는 것이었다. 그건 '부재'가 주는 힘이었다. 부재는 항상 나쁜 게 아니다. 상실감을 이겨내면 오히려 살아갈 힘을 얻을 수 있다.

며칠 전 라디오에서 이런 멘트가 흘러나왔는데 마치 아버지가 나에게 전하는 위로처럼 들렸다.
"여기까지 오신 당신, 눈물겹고 눈부십니다."

참! 자식이 없다는 건 과히 나쁜 게 아니다. 나는 유전자를 남기지 않았지만, 대신 이 세상의 모든 아이를 내 자식이라고 생각한다. 이 세상 모든 아이들의 아버지로서 책임감이 크다. 그래서 늘 탐욕으로 세상을 망치는 이들과 싸우려는 것이다. 내가 믿는 한, 좋은 아버지는 그래야 한다. 이것이 '아버지의 부재'로부터 내가 얻은 것이다.

인간의 열세 살은

언제나 맑다

    여름 방학이 끝나고 중학교 두 군데에 더 나가게 됐다. 이로써 시간 강사로 세 학교를 뛰게 되었으니 전업이라 해도 과언이 아니다. 두 학교에서는 도덕을, 한 학교에서는 내 본업을 고려해 '주제 선택'이라는 과목의 영화 감상과 글쓰기 수업을 맡겼다.

    애초에 이 일을 시작하게 된 건, 2022년 지하철에서 교육청 공고를 본 게 계기였다. 코로나19 기간 중 보결교사를 뽑는 공고였는데, 그때 퍼뜩 나에게도 중등학교 교사자격증이 있다는 걸 떠올린 것이다. 건방진 소리로 들리겠지만 지금껏 살면서 대략 하고 싶은 일(영화 주간지 기자, PD, 평론가)은 다 해봤는데 원래 대학 전공을 선택할 때 하고 싶었던 교사만은 해보지 못한 것도 떠올랐다. 그래서 교육청에 지원서를 내게 된 것이다.

처음 내게 수업을 맡긴 학교의 교장 선생님은 "학생들에게 자유롭고 창의적인 사고를 기를 수 있는 기회를 주셔서 감사합니다"라고 되풀이해 말씀하셨으나 나는 오히려 그에게 감사 인사를 거듭 표했다. 학생들을 만나는 것은 내게도 굉장히 소중한 기회였다. 중학교 1학년 학생들이 뿜어내는 에너지는 너무나 맑고 순수해서 내게 새로운 삶의 동력을 안겨주었다. 내가 중학생 때도 저렇게 예뻤던가, 싶을 정도였다. 새로운 통찰을 전해주면 아이들은 놀라운 속도로 흡수하며 쑥쑥 자랐다.

간혹 교사를 업으로 삼은 이들이 요즘 아이들이 얼마나 영악한지에 대해 말하는 걸 들으면 선뜻 수긍되지 않는다. 요즘 아이든, 30년 전 아이든, 100년 전 아이든, 원시 시대

아이든, 인간의 열세 살은 언제나 맑고 투명하다. 그 맑음이 올바른 방향으로 성장하도록 길을 터주는 게 학교의 역할이라고 믿기 때문에 나는 행복하게 수업을 준비한다.

수줍은 아이, 시큰한 콧등

 반마다 한두 명씩 있다. 아예 말을 안 하거나 극도로 소심해서 목소리를 내지 못하는 아이들. 나는 교사로서 그 아이들을 어떻게 대해야 할지 난감하다. '말을 하지 않는 것도 너의 개성이니 존중할게'라는 핑계로 넘어가면 내가 편하다. 그러나 교사는 자기 편하자고 아이들을 방치하면 안 된다. 방치도 학대다.

 5반 맨 앞줄의 여자아이도 그랬다. 짝을 소개하라는 미션을 두 주째 수행 중이었는데 그 아이는 내내 말을 하지 않았다. 첫 주에는 "너의 개성과 취향을 존중하마"라고 말했다. 그러나 그다음 주에도 여전한 모습을 보고 존중이라는 핑계로 숨을 수 없었다. 나는 그 아이에게 생각할 시간을 주었다. 그리고 그 동안에 행복과 의지의 상관관계에 대해 말해줬다.

"행복을 이루기 위한 세 가지 요소가 있다. 첫째는 자산이다. 내가 가지고 있는 것. 즉 가족, 친구, 건강, 돈 따위가 자산이지. 둘째는 재능이야. 노래를 잘하거나 춤을 잘 추는 게 재능이야. 다른 사람을 기쁘게 만드는 재능이 있는 사람들이 행복하지. 첫째, 둘째 다 자신이 없을 때는 뭐가 필요할까? 의지다. 행복하겠다는 의지. 그걸 발휘하는 사람은 자산과 재능을 가진 사람도 도저히 이길 수 없어. 선생님은 네가 의지를 발휘했으면 좋겠어. 네가 짝을 소개하면 짝은 기쁠 거야. 그러면 너도 행복해질걸? 어때? 의지를 한번 발휘해 볼까?"

아이는 나와 눈을 똑바로 맞추며 천천히 고개를 끄덕였다.

"좋아, 우리 한번 들어보자."

약간의 침묵이 흐른 뒤 아이는 조심스럽게 입을 뗐다.

"제 짝은요. 만화 캐릭터를 닮았어요."

반 아이들이 모두 박수를 치며 환호성을 질렀다. 아이도 수줍게 웃었다.

나는 콧등이 시큰해졌다.

소우주의

별

"아이들이 집중을 못 하더라도 이해해 주세요."

한 고등학교 선생님이 특강을 해달라고 섭외 전화를 했을 때 몇 번이나 되풀이했던 말이다. 그 학교는 특성화 고등학교의 하나인 정보고였다. 대학 입시만 기준으로 삼는다면 인문계나 특목고, 자사고에 비해 어느 정도 서열 경쟁에서 벗어난 학생들이 모인 학교인 셈이다. 그래서 의욕 없는 아이들이 많다고 나를 강사로 초대한 선생님으로부터 전해 들었다.

 잔뜩 마음을 다잡은 나는 거센 장맛비를 뚫고 학교에 도착했다. 2교시씩 오전 오후 두 번의 강의를 했다. 인공지능 시대에 우리에게 닥칠 변화에 대해 여러 영화의 관련 장면들을 보여주면서 강의했다.

 그런데 나는 내심 적잖게 놀랐다. 아이들이 아주 똘망똘망하게 내 말에 집중했기 때문이다. 단 한 명도 떠들거나 주의가 산만하지 않았다. 그래서 특성화고 학생들에 대해 들은 사전 정보가 순전히 사람들의 편견에 의한 것이었음을 깨달았다.

 그날 나는 아이들에게 방탄소년단의 〈소우주〉라는 노래를 틀어주었다. 지구상에 살고 있는 한 사람 한 사람이 하나의 역사이자 세상이라는 내용의 노랫말을 들려주고 싶었기 때문이다.

 나는 아이들이 사회가 만들어 놓은 서열의 껍데기에 갇히지 않길 바라는 마음으로, 그들 각자가 하나의 소우주임을 역설했다. 내가 존재하기 위해 1만 세대, 2만 명의 호모

사피엔스 직계 조상 가운데 단 한 명도 생존과 번식에 실패하지 않았으니, 엄청난 확률로 태어난 나라는 기적을 자신이 먼저 아끼지 않으면 안 된다고도 말해주었다.

아이들은 그런 말을 처음 들은 듯 묘한 표정을 지었다. 그리고 수업 내내 차분하게 경청했다. 부디 아이들이 각자의 소우주의 별로 반짝반짝 빛나기를. 나로서는 감격스러운 강의였다.

참아주는 마음

 옆집에서 흘러나오는 쿵짝 쿵짝 똑같은 박자의 트로트 메들리가 내 방으로 기어 들어온다. '이거, 아파트로 치자면 층간소음인가?' 뭐 그래도 나쁘지 않다. 집들이 다닥다닥 붙어 있는 봉천동 달동네에서 옆집 소음쯤이야 사람 사는 냄새다.

 어릴 적에는 늘 동네 한편에서 부부싸움 하는 소리가 들렸다. 고성이 오가다 마침내 살림살이 부서지는 소리가 나면, 그 소리에 맞추어 엄마를 비롯해 동네 아주머니들이

후다닥 뛰쳐나갔다. 필시 술 취한 남편에게 맞고 있을 옆집 아주머니를 구하기 위해서. 그렇게 도시빈민들의 이웃 공동체는 척박함과 폭력으로부터 서로를 돕거나 구하는 미덕을 갖추고 있었다.

그러니 옆집에서 들리는 트로트 소리는 얼마나 평화로운가. 쿵짝 쿵짝 나도 리듬을 탄다.

지난주 도덕 수업에서 층간소음 문제를 다뤘다. 아파트 주민들이 서로 험악하게 싸우는 장면도 유튜브에서 찾아 보여주었다. 그리고 아이들에게 물었다.

"위층에서 두세 살 아이들 뛰어 노는 소리가 들린다. 어떡할래?"

태반의 아이들은 민원을 넣겠다고 말했다.

"민원으로도 해결 안 되면?"

그러자 매트를 깔라고 항의하겠다는 아이들도 있었다. 그 가운데 어떤 아이가 조금 다른 대답을 했다.

"참아야죠. 별 수 없잖아요."

나는 그 아이를 많이 칭찬해 주었다.

"그래. 사람이 모여 살면 어떤 것은 참아야 하는 법이다."

기후 위기도 참고, 병역의 의무도 참고, 최악의 대통령도 참는 마당에 이웃의 불가피한 소음을 참지 못할 이유가 없잖은가.

관용 받아요,

배려 받아라

처음엔 내 스스로도 의아했다. 내가 도덕을 가르친다고? 도덕이란 과목이 있었는지도 가물가물했다. 잘 생각해 보니 내가 중학생 때의 도덕이란 '반공'의 다른 말이었다. 북한이 얼마나 폐쇄적인 독재 국가인지, 공산주의가 얼마나 나쁜 건지 귀에 못이 박히도록 들었고 시험까지 봤던 기억이 떠올랐다.

요즘 교과서를 살펴보니 다행히 그런 내용은 일절 없다. 나를 어떻게 정립할 것인가, 타인과의 관계는 어떻게 할 것인가, 이웃이나 사회 속의 내 좌표는 어떻게 설정하고 실천할 것인가, 하는 내용이다. 사실상 철학적 질문들이다. 적어도 중학교 1학년 학생들에게 일선 학교가 철학 입문을 가르치고 있다는 얘기였다.

어느 날 〈매불쇼〉에 출연해, 내가 중학교에서 도덕을 가르치고 있다고 고백하니 곳곳에서 웃음이 터졌다. "공용 세탁기에 운동화를 집어넣는 자가 도덕을 가르친다고?"
몇 해 전 나는 방송 중에 "빨래방에서 운동화 한 켤레를 세탁기에 넣었다"고 고백했다가 '파렴치한 자'라는 비난을 한 바가지 먹었다. 한마디로, 그들이 웃은 이유는 그렇게 비도덕한 자가 어떻게 학생들에게 도덕을 가르칠 수 있냐는 비아냥이었다.

이참에 도덕 선생 입장에서 학교에서 가르치는 도덕의 개념을 정리하는 게 좋겠다. '공중도덕'이라는 말이 한국에서 도덕의 개념을 혼란스럽게 한 주범이다. 빨래방에서 있었던 일은 도덕과 별로 상관없다. 그런 건 '공중 에티켓'이라고 부르는 게 적절하다.

나는 수업 시간에 다양성과 관용에 대해 집중적으로 가르친다. 각각의 개성을 지닌 사람들이 모여 살려면 '다름'을 인정하고 이해하려는 태도가 필요하다. 따라서 관용은 아주 중요한 덕목이 된다.

한국 사회는 배려를 지나치게 중요시한다. 그런데 이 배려라는 것을 '배려 받을 권리'의 차원에서만 중시한다. 그에 반해 나와 다른 이들의 자유와 개성을 참아주는 관용적인 태도는 별로 없다.

관용이 없다면 사회는 생지옥이 된다. 집단을 이루고 사는 인간 사회는 어느 정도는 무질서가 불가피하기 때문에 이를 참아주지 않으면 매일 서로 악쓰고 드잡이를 하게 된다. 분노와 혐오의 기운이 넘실댄다.

그래서 수업 시간에 '관용과 배려 놀이'를 했다. 관용과 배려 놀이는 상대가 관용의 말을 하면 배려의 말로 맞받는 것이다. 이를테면 이런 식이다.

광희 내가 빨래방 세탁기에 신발을 넣었어.
학생 넣으면 안 된다는 것을 알고도?

광희 알면 했을까. 몰랐지.

학생 관용 받아요!

광희 왜?

학생 모르고 했으면 관용!

광희 응, 고마워.

학생 다음부터 그러지 마요.

광희 다음부터 배려할게. 배려 받아라!

빨래방 세탁기 운동화 투척 사건(?)으로 인해 잇단 악플을 받은 내가 장난스럽게 대응한 것, 즉 〈매불쇼〉에서 "세탁기에 사과했다"고 말한 것은 위와 같은 상황이 벌어지지 않는 것에 대한 내 나름의 저항이었다. 사람들이 내게 사과를 강요했으니까. 강요는 관용도 배려도 아닌, 그저 폭력 아닌가.

걷는다는 것이

이토록 아름답다니

　인간은 직립보행 덕분에 문명을 일구게 됐다. 예술 또한 거기서 비롯되었다. 손이 자유로워지며 회화와 건축, 음악과 문학을 탄생시켰기에 나는 직립보행 그 자체가 예술의 원천이라고 생각한다.

　대표적인 직립보행 예술 행위는 춤이 아닐까. 인간은 두 다리로 걷고 뛸 수 있으니 춤을 출 수 있다. 현대 세계에서 보편화된 춤 장르 가운데 걷기가 중요시되는 춤은 내가 배우고 있는 '땅고(영어 발음으로 탱고)'다. 땅고는 가장 우아하게 걷는 춤이라고 해도 과언이 아니다.

그래서 땅고 레슨의 상당 부분이 걷는 연습에 할애된다. 다리를 뻗고 무게 중심을 옮기고 뒤에 남은 다리를 끌어오는 행위가 춤이기 때문에 훈련이 필요하다.

땅고 걷기가 우아해지려면 코어 근육이 중요하다. 팔자로 걸으면 안 되고 양쪽 허벅지가 닿을 정도의 각도로 걸어야 하니, 복부와 엉덩이가 튼튼하지 않으면 걷다가 다리가 후들후들 떨리기 일쑤다.

땅게라tanguera(여자 탱고 댄서)를 리드해야 하는 땅게로tanguero(남자 탱고 댄서) 입장에서 걷기가 안정되지 않으면 망신살이 뻗치기 마련. 그래서 나는 코어를 단단히 하기 위해 필라테스도 병행하고 있다.

땅고를 추다보면 직립보행의 쾌감이 극대화된다. '아, 걷는다는 것이 이토록 아름다울 수 있다니!' 지구상의 유일한 직립보행 포유류로 태어나 똑바로 걷고 있다는 것이 축복으로 느껴진다. 일본영화 〈쉘위댄스〉(1996, 수오 마사유키 감독)에서 춤에 푹 빠진 다케나카 나오토는 직장에서도 마치 춤추는 것 같은 느낌으로 걷는다. 그의 남다른 걸음걸이를 알아채는 이는 같은 댄스 교습소에 다니는 야쿠쇼 코지밖에 없다.

나도 요즘 의식적으로 그렇게 걷고 있다.
춤추듯이.

패션에 대해

말하자면

 사람들이 내게 옷을 잘 입는다고 칭찬해 줄 때가 있다. 특히 유튜브 라이브를 할 때 "패션 센스가 남다르다"고 말해주는 이들이 적지 않다. 아마도 내가 방송에 출연할 때 옷을 입는 방식 때문인 것 같다. 사실 남다른 건 없다. 가급적 원색 상의를 입고 모자를 쓰고 선글라스를 낀다는 것 정도? 그것만으로도 약간 튀어 보일 수 있다. 그러나 내가 단지 튀어 보이려고 그렇게 입는 것은 아니다.

 패션이란 결국 자기 표현이다. 몸에 착용하는 의복과 장신구 등으로 자신의 정체성을 드러내는, 일종의 기호 sign 다. 그래서 타인이 내 옷차림을 봤을 때 내가 어떤 캐릭터인지 짐작이 갈 수 있도록 입는다.

나는 평론가이자 작가다. 즉 예술가다. 그러므로 누군가 내 옆을 지나치면서 나를 볼 때 '아마도 저 사람은 예술 계통에서 일하는 사람 같다'고 짐작할 수 있다면 성공이다. 록 음악을 하는 이들이 일부러 머리를 기르고 다니는 것도 같은 맥락이지 않을까. 이런 차원에서 코디를 위한 나의 키워드는 '자유'다. 이 단어를 빼고 예술을 논할 수 없으니까.

그렇다면 어떻게 자유를 표현할까. 나는 대다수의 사람이 선택한 옷 입는 방식으로부터 자유로워지기로 했다. 내가 보기에 한국인들의 태반은 무난하게 입는 것을 가장 선호한다. 겨울에 지하철을 타서 보면 검은색 외투 일색이다. 다른 색 옷을 입는 것을 꺼리는 심리는 어디에서 발원한 걸까. 집단주의에 익숙해져 튀는 색을 무의식적으로 피하는 것 같다.

여하튼 유행으로부터 자유로워지는 것, 즉 자신의 주체성을 분명히 가지고 스스로의 개성을 표현하는 게 중요하다. 그렇다고 해서 개성 표현을 지나치게 중시한 나머지 남자인 내가 치마를 입고 다닐 수 없는 노릇이다. 젊은이들의 패션을 그대로 따라 했다간 '주책'이라는 소리를 듣기 십상이다. 그래서 나 역시 가급적이면 사람들이 옷을 입는 관습적 방식을 따른다. 다만 그 안에서 약간의 변주를 주는 것이 핵심이다.

옷의 스타일보다는 색 배합에 신경을 쓴다. 어두운 색의 바지를 입었을 경우 상의는 밝은 원색의 옷을 걸친다. 티셔츠나 와이셔츠가 밝은 색이면 겉에 걸치는 재킷은 어두운 색으로 고른다. 상의의 색과 잘 어울리는 모자를 쓰고 신발은 바지와 반대되는 색으로 신는다. 그러면 모자와 신발이 포인트가 된다.

옷 입는 것, 그러니까 패션은 신체 외부의 물건들을 통한 가장 근원적인 표현 예술이다. 그리고 이 예술은 일상 속에서 구현할 수 있다. 예술은 일상 안에 있을 때 사람을 더 행복하게 만든다. 옷을 대충 입지 않는 것은 자신을 대충 대하지 않는다는 뜻이기도 하다.

약자였던 사람이

작은형 1

잘 아니까

 문이 벌컥 열리더니 방 안으로 5만 원짜리 지폐 수십 장이 휙 하고 날아왔다. 잇따라 큰 소리가 따라붙었다.
 "그거 가지고 당장 꺼져."

 작은형의 '버럭 발작'이었다. 어린 시절에는 부글부글 끓다가 버럭이었는데, 오십 대 중반이 된 지금은 느닷없이 버럭댄다. 예고도 없이 버럭! 그러니 이건 발작에 가까운 것이다.

이날의 버럭은 가족끼리 도움을 주는 것에 대해 이야기하다가 발생했다. 형이 내 방에서 "지금은 이렇지만 나중에라도 내가 도움을 주마"라고 말했고, 나는 "이날 이때까지 형한테 도움받은 게 별로 없다"고 농담반 진담반으로 말했는데 그것이 화근이 되었다. 내 딴에는 '아유, 말은 고맙지만 기대는 안 해'라는 뜻이었는데, 어떤 지점이 그의 자존심을 건드렸을까. 내가 그를 무능력자 취급했다고 판단한 걸까?

"그래. 도움 못 줘서 존나 미안하다."

순식간에 호러 영화의 악당처럼 변한 그의 모습에 나는 깜짝 놀랐다. 사실 같이 사는 동안 두어 번 목격했기에 약간 익숙하긴 하다. 이런 버럭 발작에 가장 현명한 대처는 침묵이다. 최대한 가만히 있어야 한다. 대꾸했다가는 더 큰 응징적 욕설이 터져 나오니까. 문이라도 닫으면 "왜? 듣기 싫냐?" 하면서 쳐들어온다. 그러니 그의 화기가 가라앉을 때까지 납작 엎드려 있는 게 상책.

20분 정도 지나자, 형은 머쓱한 표정으로 조용히 내 방에 들어와 앉았다. 언제 소리를 질렀냐는 듯 내게 말했다.

"내가 보기에 너는 네 생각만 하는 것 같아."

오케이, 분위기는 좋다. 이제 조근조근 말할 수 있는 상황이 되었다. 하여, 3남 2녀 중에 막내로 태어난 내가 어릴 적부터 어떤 핍박을 받고 자라났는지에 대해 그에게 설명했다. 특히 폭력! 남자 형제들은 으레 폭력으로 위계를 세우는 경향이 강해서 나는 큰형에겐 학교 성적표가 나올 때마다 '빠따'를 맞았고, 두 살 반 터울 작은형에겐 하루가 멀다 하고 주먹으로 린치를 당했다. 당시 옷을 지으셨던 어머니는 50센티미터 재단자를 흉기 삼아, 집안의 폭력이 먼저 태어난 이들의 천부인권이자 인간 세계의 자연법칙임을 설파하셨다. 우스운 건 이를 내가 성인이 되고 나서 말하니 두 형 모두 자신들은 나를 때린 적이 없다고 말했다. 선택적 망각은 이런 것이다. 가해자의 망각이 이처럼 보편적인 것이라면 1980년 광주 학살의 가해자들이 청문회에 나와 "기억나지 않습니다" 했던 것도 일리가 있는 것인가? 식민 가해자 일본이 사과하지 않는 것도 자연법칙인가?

어머니는 심한 조울증에도 불구하고 옷을 지어 자식들을 먹여 살려 주셨지만, 나는 학창시절에 형들한테 어떤 도움을 받았는지 기억나지 않는다. 오히려 글씨를 잘 쓴다는 이유로, 한참 입시 부담에 시달리던 고3 때 대학 졸업반 큰형의 취업 이력서와 자기소개서를 내가 다 대필한 기억은 있다. 그의 출신 대학에 증명서를 떼러 가는 것도 당연히 내 몫이었다. 군대도 안 간 내가 해병대 출신 작은형의 예비군 훈련에 대리 출석한 기억도 있다. 도대체 그들은 동생으로서의 충성심을 요구하는 것 빼고, 패고 윽박지르는 것 빼고 집안의 최고 약자인 내게 무엇을 해주었는가? 정말 기억나지 않는다. 그러니 그런 말, 그러니까 그의 버럭 발작을 유발하는 발언이 나온 것이다.

이런 맥락을 조근조근 이야기하고 앉았더니 형이 담배에 불을 붙이며 말했다.

"정말 나쁜 놈이었네. 내가 말이야."

나는 이왕 조성된 화해 모드를 고조시키겠다는 생각에 얼마 전에 쓴 '백수론'을 낭독해 주었다. 그 글은 작은형의 백수 생활에 대한 것이었고, 그가 전혀 자책을 느낄 필요 없이 당당하게 백수 생활을 즐기길 바란다는 이야기였다.

글을 다 듣고 난 작은형은 담배 연기를 천장을 향해 길게 내뿜으며 조용히 말했다.

"너 진짜 글 잘 쓴다."

작은형은 내게 화낼 권리가 없다. 나는 어린 시절 그에게 '존나게' 얻어터지고 백수가 된 중년의 형을 어루만지는 글을 쓴다. 게다가 나는 그를 용서한다. 가족이니까. 그는 지금 집안의 최고 약자니까. 집안의 최고 약자가 된 기분을 내가 아니까.

흩어진 5만 원짜리 지폐를 차곡차곡 개서 형의 방에 가져다 놓았다. 한 달 전에 그에게 준 현금이었다. 돈을 뿌린 그가 머쓱해할까 봐 한마디 덧붙였다.

"아유, 왜 돈을 버리고 그래?"

백수론

작은형 2

　작은형이 달라졌다. 내가 잠시 멈춤을 핑계 삼아 방콕 여행을 다녀왔더니 그는 〈나는 자연인이다〉에 나오는 산사나이 헤어스타일을 정리하고 수염도 말끔히 깎은 모습이었다. 내가 없는 동안 집 밖에 나갔었다는 얘기다. 은둔 생활을 정리한 것이다. 한번은 웬일로 마트에 다녀오더니 "에구구구 삭신이야! 근육이 다 빠져서 조금만 움직여도 아프다"며 앓는 소리를 냈다. 그럴 만도 한 게 그는 정말로 〈올드보이〉의 오대수처럼 살았기 때문이다.

요즘 인터넷 강의로 중학교 영문법을 공부하고 있다. 내게 교재 주문을 부탁하길래 얼른 사주었다. 어제는 단어 정리할 노트와 연습장이 필요하다고 해서 또 흔쾌히 사다 주었다.

나와 두 살 차이 나는 형이 지금껏 책을 펴놓고 공부하는 걸 본 적이 없다. 그는 학교 석차에서 늘 하위권을 독차지했고, 겨우 들어간 야간 상고도 결석이 잦아 하마터면 졸업하지 못할 뻔했다. 그런 그가 이제라도 공부라는 걸 하고 있으니 개과천선한 자식새끼 보는 기분마저 든다.

요즘 우리 형제의 대화에서는 곧잘 어줍잖은 영어가 오간다.

"웨어 해브 유 빈?"

"아이 빈 투 어 카페 투 리드 어 북"

"그니까… 카페에서 책 읽었다는 얘기야?"

"오우? 진도가 빠른데?"

"야, 문법을 아니까 문장이 이해가 된다."

이런 대화 끝에 형이 갑자기 자책하는 말을 꺼냈다.

"너는 머리가 좋아서 영어를 아직도 기억하지만 나는

제대로 배운 적이 없지. 그러니까 이렇게 한심하게 살고 있지."

이런 말에 내 대꾸는 그에게 차라리 신선하게 들렸을 것이다.

"무슨 소리야. 형이 왜 한심해. 옛날 고대 로마에서는 일은 다 노예들이 하고 시민들은 놀고먹었어. 콜로세움에서 검투사들 싸우는 거나 구경했다고. 곧 AI가 그 일을 하겠지. AI에 생산활동을 맡기고 사람들은 죄다 놀고먹어야 정상인 거야."

그 말인즉슨, 하층민에게만 생산활동이 강요된 것은 역사적으로 봉건체제이든 자본주의 체제이든 다르지 않았다는 뜻이다. 천한 것에서 신성한 것으로, 노동의 개념이 체제의 필요에 걸맞도록 모드를 변환했을 뿐이다. 그래도 생산성의 발달은 더 많은 사람을 힘든 노동으로부터 해방시켰다. 생산성이 극도로 낮았을 때는 그리스 로마 시민, 성직자와 봉건 귀족, 사대부와 양반 등 극소수 지배자들만 무노동 계급이었지만, 산업혁명 이후 더 많은 이들이 노동의 굴레에서 자유로워졌다. 하지만 누군가는 계속 노동해야 했기에 일하지 않는 자들을 일컫는 '백수' 또는 '실업자'라는 경멸의 표현을 만들어 낸 것이다.

나는 몇 년째 백수인 데다 신용불량자인 형이 때로는 존경스럽기까지 하다. 그는 그런 처지에 놓인 사람 치고는 지나치게 밝고 유쾌하기 때문이다. 그러기 쉽지 않다. 온라인 바둑을 둘 때의 집중력은 가히 놀랄 만하다. 넷플릭스로 온갖 영상물을 섭렵하고 유튜브로 세상 돌아가는 사정을 훤히 꿰뚫고 있으니 굳이 바깥세상으로 나갈 필요도 없다. 동생인 내가 사주는 쌀과 계란으로 밥도 지어 먹고 아주 잘 산다.

다시 한 번 강조컨대, 그러기 쉽지 않다. 백수가 된 사람들의 태반은 절망과 자책감에 빠져 폐인 모드가 되기 쉽다. 가장 극단적인 결말은 고독사다. 먹고 살 수 없어 죽는 게 아니다. 사람이 살아갈 힘을 잃게 되는 것은 쌀이 떨어져서가 아니라 경멸 때문이다. 아무 쓸모 없는 사람이 되었다고 생각하게 만드는 주위 사람들의 경멸. 인간이 타인의 욕망을 욕망하는 것과 마찬가지로 타인의 경멸을 내면화하면 스스로를 타인의 시선으로 경멸하게 된다. 사람이 피폐해지는 것은 직업과 생계유지를 스스로 책임져야 '사람 노릇'이 가능하다고 믿는 인식론적 폭력 때문이다.

대관절 사람 노릇이란 무엇이며 사람이 된다는 것은 무엇인가. 노동이 사람 노릇의 전제라면 좁은 공장에서 일해야 했던 19세기의 아동들은 이미 열 살 때부터 사람 노릇을 했단 말인가. 진정한 사람 노릇이란 인간이 서로의 삶을 향상하기 위해 연대하고 돕는다는 것, 그러니까 타인의 삶의 방식을 존중하고, 자신이 할 수 있는 것으로 돕고, 할 수 없는 것은 도움을 받는다는 것을 의미한다. 그게 사람 노릇이다. 사람은 다른 사람들의 사람 노릇을 통해 사람 노릇을 할 수 있게 된다.

나는 굳이 형이 자본주의가 강요한 노동의 의욕을 되찾아 적극적으로 사는 방향으로 삶의 태도를 바꾸기를 바라지 않는다. 그가 사는 방식도 또 하나의 사는 방식이다. 게다가 그는 공부를 하며 서서히 사람 노릇 할 준비를 하고 있다.

그럼에도

불구하고

 2021년 여름이 무르익어갈 무렵 전처와 메일을 주고받았다. 법적으로 타인이 된 지 1년 만이었다. 우리는 때로 메신저로 소통하거나, SNS에 올린 글을 통해 서로의 상황을 나누고 있었다. 일반적으로 이혼한 커플들이 하는 행동과 달랐다. 그녀와 나는 결혼 생활을 지속하는 걸 포기하기로 합의했을 뿐, 인간적 교감을 끝내기로 결정한 게 아니었기에 서로의 삶을 응원하고 격려하는 것까지 중단할 이유는 없었다. 비록 한때이긴 했지만, 부부란 어마어마한 인연이다. 그러나 결혼은 엄연히 제도에 속하고, 어떤 인연은 제도에 묶였을 때보다 그로부터 자유로워질 때 더 애틋해질 수 있다.

장충동에서 펍을 운영하던 여름을 통과하면서 나는 1년여간 나를 괴롭혀 온 이혼 후유증에서 어느 정도 벗어날 수 있었다. 그래서 그녀에게 편지를 보냈고, 하루 만에 답장이 왔다. 이 서신 교환을 통해 나는 우리의 관계가 이혼 이후 오히려 질적 전환이 일어났음을 알게 되었다.

제목: 이제사

나는 요즘도 사람들한테 네 얘기를 할 때 '전처'라는 표현을 잘 쓰지 못한다. 그냥 입버릇처럼 "우리 마누라가"라고 말하곤 하지. 우리가 법적으로는 남남이 되었지만, 여전히 강력하게 연결되어 있다고 느낀다.

내가 요즘 읽고 있는 책에 누군가를 좋아하는 것은 상대의 조건이 좋아서 하는 것이고 사랑하는 것은 '그럼에도 불구하고' 사랑하는 것이라는 얘기가 나온다. 상대의 단점에도 불구하고, 나와 맞지 않는 취향에도 불구하고, 나이 들어감에도 불구하고 상대를 아끼고 보살피는 것, 그게 사랑이라는 것이다. 또한 사랑은 주고받는 게 아니라 '하는 것'이라는 표현도 있다. 사랑은 교환이 아니라 행동이라는 것이지.

나는 결혼이라는 제도의 갑갑함 속에서 사랑하는 법을 잊었거나 처음부터 몰랐었나 보다. 사사건건 나와 맞지 않는 여러 상황이, 나에 대한 너의 기대와 갈구가 답답하게만 느껴졌던 것은, 경제적 계약에 불과한 결혼제도가 처음부터 나와 맞지 않았기 때문이기도 한 것 같다. 그래서 너를 여러모로 많이 힘들게 했다.
내가 이혼 결정을 한 건 아마도 더 이상 너를 힘들게 하고 있는 나 자신을 용서할 자신이 없었기 때문인 걸까.

그러나 지난 번 일산에 갔을 때 네가 신부님의 말을 인용해 "너와 내가 여전히 부부"라고 말해주었을 때, 나는 그것이 우리가 법적, 제도적 테두리 안에서의 부부가 아니라 이미 영혼의 짝이라는 의미로 들렸다. 그래서 정말 마음이 포근해졌다. 너야말로 사랑을 주고받는 게 아니라 '하고 있다'고 느꼈다.

나는 서로를 진심으로 아끼고 챙겨주는 관계 안에서 온전히 나 자신이 된다. 그런 관계망 속에서 너는 가장 중요한 위치를 차지하고 있다.

우리가 타인의 시선을 의식하느라, 결혼이 도대체 무엇인지 잘 헤아리지 못하고 가족을 이루느라 놓쳤던 것들을 찬찬히 끄집어내 복원하려고 한다.

이제사, 나는 너를 사랑한다.
그럼에도 불구하고.

Re:

덥다.
무더위에 고생하시는 묘르신(노령 고양이)들 눈치 보느라 바쁘고, 안 아픈 부위가 없는 온몸에 적응하느라 바쁘고, 이 집에서 얼마나 살 수 있을까 잠깐 고민하고, 그래도 마음은 전보다 평온하고 잠잠하다.
늘 소용돌이치는 감정에 치이며 내가 얼마나 그런 것들에

많은 에너지와 시간과 노력을 쏟아부었는지 실감하는 시간들이다. 그런 것들이 다 지나간 자리에 오롯이 나와 직면한 문제만 남으니 홀가분하다.

나는 섬이고, 너는 새였던 것 같다.
섬은 늘 외롭고 멀리 가고 싶지만 그 자리에 있어야 하는 것이고 새는 늘 날아다니기에 자유롭지만 고달프지.
섬은 날아다니는 자유를 즐기는 새를 동경하지만, 그 새가 가족이 되면 떠날까 늘 초조하고, 새는 잠시 쉴 수 있는 섬을 반가워하지만 그게 집이 되면 답답하겠지.
그렇게 참 오래도 버텼다.
요즘 주위를 둘러보면 가면을 쓰고 그 집을 지키느라 인생을 갈아 넣는 사람들과 가면을 벗어 던졌으나 오래 버틴 친구와 원수가 되며 헤어진 또 다른 사람들을 보며, 그래도 우리는 참 장하다 싶다.
여전히 제일 좋은 친구 이상으로 남게 되었으니까.
이렇게 연락하고 걱정해 줄 관계를 지켜냈으니까.

가볍게 날아다녀. 네가 무거워질 때 나는 제일 버겁더라.

가볍게 살아야 하는 사람이 너무 무거운 말과 마음으로 얼굴을 붉히고, 남과 비교하고 마음이 지옥일 때 보는 나도 참 힘이 들었어. 그래서 요즘 네가 보기 좋아. 좀 더 내려놓아도 될 것 같고. 하지만 예쁜 얼굴은 좀 되찾아 보도록 해.
피차 술 좀 그만 먹자.
나는 묘르신들 가시기 전에는 건강해야 하거든.
그리고 너도 먼저 떠나면 내가 참 힘들 것 같아.

건강하고 행복하게 지내자. 서로.
그리고 버티느라 고생했고 고마웠어.

몸에 지녀야 하는

인연

  2020년 10월 첫날, 파리 14구의 작은 에어비앤비 방에서 산티아고 순례길로 향할 짐을 꾸렸다. 나는 배낭에 넣을 것과 바지 주머니에 넣을 것을 추렸다. 그리고 서울에서 가져온 것 중, 가지고 갈 것과 버릴 것을 분류하기로 했다.
  여권과 신용카드와 현금이 들어 있는 지갑을 배낭 깊숙이 밀어 넣다가 도로 꺼냈다. 이미 파리 도착 첫날 재킷을 잃어버린 기억이 있어서 불안했다. 배낭을 통째로 도둑맞더라도 지갑과 여권만 있으면 유럽에서 국제 미아 신세는 면할 수 있다. 그래서 그 두 물건은 바지에 달린 건빵주머니에 넣으려 하니 물티슈가 들어 있었다.

난 도대체 이걸 왜 챙긴 거냐.

한 달 정도 걷게 될 산티아고 순례길은 이번 여행의 본론이다. 서울에서부터 가볍게 떠나자고 마음 먹고 또 먹었는데도 정주생활이 몸에 배어 있어 버리기가 쉽지 않았나 보다.

나는 가져온 물건들을 노려보며 한참을 생각했다.

면도기를 가져갈까?

수염을 자르지 않는다. 너무 길다 싶으면 휴식도 취할 겸 호텔에 묵는다.

청바지는?

버리고 간다. 파리에서 한 번도 안 입었으니 짐만 될 게 뻔하다.

그럼 휴대폰 삼각대는?

가져간다. 파리에선 쓸 일이 없었지만 순례길 촬영엔 필수다.

이런 식으로 버릴 것과 가져갈 것을 나누고 짐을 싸는

데 족히 두 시간이 걸렸다. 인생을 살아오며 나는 물건을 곧잘 잃어버리긴 했지만, 잘 버리지 못했다. 뭐든 바리바리 쌓아두면 언젠가 쓸모 있을 거라 여겼다. 그런데 순례길 일정을 앞두고 내가 부지불식간에 버렸던 것들이 꽤나 많다는 것을 깨달았다. 정확히 말해 인연들.

인연들 가운데 짐이 되는 인연도 있다. 그런 건 버려야 한다. 다만 지고 가야 할 인연과 버려야 할 인연을 분류하는 데 있어서 충분히 숙고했는지를 따져보니 충동적인 경우가 더 많았음을 인정할 수밖에 없었다. 반드시 챙겨야 할 인연을 내게 불편감을 준다는 이유로 외면하기도 했다. 15년째 연락을 끊고 사는 작은누나처럼.

어떤 인연은 배낭이 아닌 몸에 지녀야 한다. 잃어버리면 내가, 내 정체성이 순식간에 사라져 버릴 수 있는 인연이니까.

까미노 아미고

산티아고 순례길에서 1

 순례를 시작한 지 나흘째 되던 날, 숙소에서 주섬주섬 짐을 챙겨 길을 나섰다. 전날에 이어 이날도 24킬로미터를 걸어야 했는데 무릎 상태가 영 좋지 않았다. 프랑스 남부의 생장을 출발한 첫날 비바람을 맞으며 피레네산맥을 무리하게 넘은 게 화근이었다. 팜플로나에서 하루를 쉬었는데도 통증은 제자리였다. 과연 순례길을 완주할 수 있을까? 불안감이 엄습했다.

 5킬로미터 지점에 있는 작은 마을을 지나니 숲길 사이

로 완만한 오르막길이 나왔다. 다리는 점점 더 아파오고 짐의 무게 때문에 끙끙대며 올라가고 있는데, 한 여성 순례자가 손수레에 배낭을 실어 밀면서 가고 있었다. 나는 그녀가 신기해 보여 얼른 카메라를 꺼내며 말을 걸었다. 발렌시아에서 왔다는 그녀는 자신의 이름이 알바이며 프랑스와 독일에 이어 순례길을 걷고 있다고 서툰 영어로 대답했다. 나는 그녀의 모습을 카메라에 담으며 잠시나마 내가 오르막길을 걷고 있다는 사실을 잊었다.

그러는 사이 한 동양인 순례자 역시 그녀에게 다가가며 소리쳤다.

"오우, 재미있는 장면이군. 사진을 찍어도 될까요?"

꽤 나이가 들어 보이는 그는 자신이 홍콩 출신이며 몇 년째 네덜란드의 로테르담에서 사업을 하고 있다고 소개했다. 어느새 나는 그와 함께 길을 걷고 있었다.

"내 이름은 잭 챈이야. 잭키 챈이 아니라 잭 챈!"

그는 통성명을 한 뒤 끊임없이 이야기를 이어갔는데, 순례여행을 가네, 마네 하며 홍콩에 있는 아내와 대판 싸운 이야기부터 홍콩인들이 왜 중국 정부의 조치에 분개하며 항의 시위를 하고 있는지까지, 화제가 이어지는 쪽으로 갈 지자로 말을 쏟아냈다. 나로선 약간 짜증나는 스타일이었다. 어느 나라나 말이 많은 노년층은 있기 마련이다. 그는 한참 이야기를 쏟아내다 혼잣말을 되뇌었다.

"난 참 말이 많아."

아는데도 잘 고쳐지지 않는다면 기질이거나 오랜 습관인 것이다. 호젓하게 걷고 싶었던 순례길을 그가 방해하고 있다는 생각이 들 무렵 내 다리의 통증이 심해졌다. 나는 잭에게 좀 쉬어가자 제안했고 우리는 시골마을 어귀의 상점 앞 테이블에 자리를 잡았다.

잭이 내게 물었다.

"오래된 통증이요?"

"아니요. 첫날 산맥을 넘어오느라 그때부터 상태가 이렇군요."

그는 자신의 배낭을 뒤지더니 마사지 크림 하나를 꺼내 내게 건넸다.

"이걸 좀 바르고 무릎 주변을 마사지해요."

그렇게 말하고 그는 먼저 길을 가겠다며 시야에서 사라졌다.

나는 잭이 시킨 대로 마사지 크림을 양쪽 무릎에 고루 펴바른 뒤 20분 정도 쉬었다가 다시 배낭을 짊어지고 출발했다. 어라? 신기한 일이었다. 무릎의 둔중한 통증이 거의 사라진 것이다. 갑자기 다리가 가벼워졌다. 남은 10킬로미터에 대한 부담감도 함께 가벼워졌다.

다음 목적지인 에스테야까지 걸으면서 나는 생각했다. 어쩌면 이것이 길동무가 필요한 이유가 아닐까. 함께 길을 걷는 순례자들끼리는 조건 없는 호의가 작동한다. 생면부지의 한국인 중년 남성에게 선뜻 자신의 마사지 크림을 건넨 잭이 아니었다면 그날의 순례길은 고통의 가시밭길 그 자체였을 것이다.

그와의 대화도 살짝 성가시다 싶었지만, 따지고 보니 걷는 동안의 피로를 잊게 해주었다. 그러니 길 위에 사람이 없다면, 혹은 같이 걸어가는 길동무가 없다면 여행은 고행이 되기 십상이다. 길 위에서는 같은 지점을 향하는 사람들이 있어 걸을 힘이 난다. 같은 목표 지점과 같은 여정, 그 두 가지 요소만으로 어디에서 왔든 어떤 언어를 쓰든 흔쾌히 동지가 되는 것이다.

집단 생활을 채택한 인간은 원래 서로 돕고 화목하도록 진화했다. 서로 돕지 않으면 생존할 수 없기 때문이다. 탐욕의 정당화 시스템이 그 본성을 방해했고 어느 순간 서로 물어뜯고 경쟁하도록 부추긴 것이다. 그러나 길 위에서는 삭제되었던 상호부조의 본성이 깨어난다.

오후 네 시쯤 에스테야의 숙소에 도착했더니 잭이 반갑게 맞아주었다. 그는 내게 동네에서 맥주 한 잔 하며 같이 쉬자고 했고, 나는 스포츠용품점에 등산용 스틱을 사러 갔다 오는 길에 적당한 바가 있으면 메시지로 알려주겠다고 말했다.

그렇게 저녁 시간에 바에서 그를 기다리는데 잭이 이탈리아인 순례자 친구와 함께 나타났다. 두 사람은 자리에 앉자마자 투덕거렸다. 이야기인즉슨 잭이 이탈리아 친구가 묵은 알베르게(순례자 숙소)에 체크인하러 갔는데, 영어를 전혀 못하는 그곳 지배인에게 홀대를 당했다는 것이다. 그때 마침 친구는 샤워를 하고 있었던 터라 잭이 입구에서 실랑이를 벌이고 있던 걸 몰랐다. 잭은 그게 서운해서 똑같은 말을 되풀이했다.

"그 지배인 놈에게 좀 있으면 쪼그만 홍콩 남자가 올테니 네가 있는 방으로 안내해 달라고 미리 얘기만 했어도 내가 그런 막돼먹은 놈에게 홀대는 안 당했을 거야."

이탈리아 친구도 응수했다.

"그건 내가 미안해요. 하지만 잭, 당신은 너무 공격적으로 말을 해."

그 풍경을 보고 있자니 하나의 문장이 떠올랐다. 길에서 만나면 호의를 주고받던 사이도 집에서 만나면 싸운다.

그 뒤로 잭을 두 차례 더 만났다. 이듬해 나는 프랑스 북부 도시 릴에 머물고 있었는데 소식을 들은 잭이 로테르담에서 아들 차를 몰고 나타났다. 덕분에 나는 일주일 동안 벨기에와 네덜란드 구석구석을 여행할 수 있었다. 까미노 아미고(순례길 친구)가 아니라면 상상할 수 없는 호의였다. 순례길을 불과 닷새 같이 걸었을 뿐인데 그와 나는 이미 각별한 친구 사이가 되어 있었다.

두 번째 재회는 정말 영화 같았다. 〈매불쇼〉에 출연하러 홍대입구역에서 내려 팟빵홀로 걸어가는데 어디서 많이 본 사람이 스쳐 지나갔다.

'어? 저 사람? 홍콩 사람 잭 챈이다! 까미노 아미고 잭 챈!'
나는 뒤로 돌아 외쳤다.
"미스터 챈!"

그는 돌아서 나를 한참 보더니 깜짝 놀라며 팔을 벌렸다. 서울 마라톤에 참가하러 온 길이라고 했다. 산티아고 순례길을 함께 걸을 때 그가 마라톤을 좋아한다고 했던 게 기억났다. 2021년 가을, 함께 한 벨기에와 네덜란드 여행 이후 3년 만이었다. 그는 이미 일흔이 넘었다. 그를 서울에서 마주친 이 우연을 어떻게 설명할 수 있을까. 그야말로 신기한 인연이다. 나는 그에게 삼겹살을 대접했고, 우리는 베트남 여행을 동행하기로 약속했다.

도착통

산티아고 순례길에서 2

  순례길 초반, 다리에 탈이 났던 것에는 두 가지 이유가 있다. 하나는 내가 직립보행을 하기 때문이고 나머지 하나는 그동안 내 몸이 교통이 발달한 문명의 정주생활에 익숙해져 있었기 때문이기도 하다. 일부러 트레킹을 하지 않는 한, 하루에 일상에서 10킬로미터 이상 걸을 일은 흔치 않으니까.

  그런 차에 순례길 첫날 갑자기 24킬로미터를 걸었고, 게다가 해발고도 1400미터의 피레네산맥을 넘었으니 무릎 관절에 무리가 온 것이다.

그런데 몸이란 게 참 신기하다. 마사지 크림으로 통증을 다스리며 열흘간 휴식과 걷기를 반복했더니, 어느새 20킬로미터 이상을 걸어도 다리가 크게 아프지 않았다. 반복되는 장거리 보행으로 나의 뇌가 변화된 신체 활동을 인지하여 다리에 더 많은 단백질을 공급하기로 결정한 것처럼 느껴졌다.

걸을 때 힘이 들어가는 부분도 날마다 미세하게 달라짐을 느꼈다. 처음에는 종아리와 무릎 관절이 뻐근했다. 며칠이 지나니 허벅지에 힘이 들어갔고 열흘 정도 지나자 골반의 힘으로 몸을 밀고 나간다는 느낌이 들었다. 그렇게 걷는 데 필요한 다리 근육이 종아리부터 상체 쪽으로 올라오며 단단해지는 것 같았다.

나는 양손에 스틱을 잡고 리듬감을 만들며 걸었는데 그건 네 발로 걷는 동물의 보행 패턴을 흉내낸 것이다. 스틱은 다리에만 과중된 체중을 두 팔, 그러니까 앞발로 분산한다. 정확히 말해 직립보행의 패턴에서 벗어나는 것인데, 그러니 더 오래 걸을 수 있었다. 직립보행은 인간의 손을 자유롭게 만들어 문명을 배태하는 원동력이 되었지만 장거리 이동에는 전혀 이롭지 않다. 하여 걷는 동안 나는 네발 짐승이 된 기분으로 전진했다.

몸이 신기한 또 다른 이유는 목적지에 도착하기 2킬로미터쯤 남은 지점부터 등에 멘 배낭이 갑자기 무겁게 느껴지고 발의 통증이 심해진다는 데 있다. 잘 참아왔던 소변도 집이 가까워지면 참기 힘들어지는 것과 같은 이치다. 이것은 몸이 정서와 연결되어 있기 때문이다. 다 왔다는 안도감이 몸의 긴장을 풀어주면서 걷는 사이 뇌가 의도적으로 잊게 만든 통증 신호가 활성화되는 것이다. 나는 이것을 '도착통'이라 부르기로 했다.

그날 걷기로 한 코스의 길이도 다리 통증과 배낭의 무게감을 다르게 만든다. 16킬로미터를 걷기로 한 날의 배낭이 16킬로그램으로 느껴진다면, 20킬로미터를 걷기로 한 날의 배낭은 20킬로그램으로 느껴진다. 문제는 실제 배낭의 무게가 아니라 내가 가진 부담감이다. 내가 마주한 환경에 대한 심리상태가 몸의 반응과 직결되어 있음을 확인하게 되는 것이다.

불교의 가르침 가운데 '일체유심조一切唯心造'라는 말이 있다. "모든 것은 마음이 지어낸 것"이라는 뜻이다. 다 왔다는 안도감을 마음이라고 본다면 결국 도착통은 그 마음이 지어낸 것이다. 그렇다면 도착했다는 생각을 지운다면 어떨까? 한마디로 끝까지 긴장을 유지하는 것이다. 하지만 목표 지점이 시야에 들어오는데 안도감을 쫓아낼 수 있는 사람이 몇이나 될까? 사실상 불가능하지 않을까.

그렇다면 나는 도착통을 즐기는 쪽을 택하기로 했다. 복근 운동을 할 때 복부 근육이 긴장하며 수축되는 순간의 고통을 즐기듯, 고통이 찾아오면 끝날 때가 되었다는 사실을 상기하고 기뻐하는 것이다. "아프다, 아프다, 아프다… 기쁘다, 기쁘다, 기쁘다!" 살다보면 유난히 힘들 때가 있다. 그건 곧 끝날 순간이 찾아온다는 신호다.

내가 알코올 중독을 치유했던 방법도 그와 비슷했다. 술을 가장 많이 마시고 이러다간 죽을 것 같다고 생각한 다음 날, 불현듯 술을 끊었다. 도착통이 찾아올 때까지 기다리니 끝나야 할 순간이 왔음을 알았다.

고통과 성취는 이음동의어다.

오르막 숲을

산티아고 순례길에서 3

오
르
자

산티아고 순례길의 3분의 2 지점부터는 오르막과 내리막이 드라마틱하게 펼쳐진다. 오 세브레이로까지 약 5킬로미터를 남겨두고 오르막길이 시작되었다. 오늘은 오르막이 만만치 않을 거라고, 순례자들이 숙소에서 아침을 먹으며 나누던 대화를 들은 터라 각오는 하고 있었다. 숲속으로 난 가는 오르막길이 완만한 경사로 이어졌다. 평소 북한산을 자주 오르던 나로선 백운대까지 오른다는 기분으로 발걸음을 옮겼다. 하지만 처음 겪는 경사는 힘에 부치기 마련이다. 오르막이 언제 끝날지 가늠할 수 없기 때문이다. 게다가 길이 구부러지지 않고 직선으로 쭉 뻗어 있으면 심리적으로 훨씬 더 힘겹게 느껴진다.

그래서 내가 채택한 '오르막 심리학'이 있다. 앞을 보지 않고 발 앞의 길바닥을 보고 걷는다. 시야를 좁혀 마치 평지를 걷고 있는 것 같은 착각을 유발하는 것이다. 경사도에 대한 감각을 의도적으로 왜곡해 오르막의 끝이 보이지 않는 상황을 인식 밖으로 쫓아내면 훨씬 더 수월하게 걸을 수 있다.

나는 오롯이 걷는 행위에만 집중했다. 그러자 어느새 내가 왜 지금 이 길을 걷고 있는지에 대한 생각조차 사라져 버렸다.

오르막은 끝없이 이어지는 것 같았다. 평지만 보고 걷다가 가끔씩 고개를 들면 숲의 나무들 때문에 정상이 어디쯤인지 가늠하기 어려웠다. 그렇게 족히 두 시간 가까이 오르고 또 오르자 허리가 아파오고 숨이 턱밑까지 차올랐다.

문득 벽돌 건물 하나가 시야에 들어왔다. 마침내 오르막이 끝난 것이다. 땀에 흠뻑 젖은 나는 적당한 성취감을 느꼈다. 산꼭대기 마을 초입에는 오르막 숲을 통과한 순례자들을 맞이하듯 돌 벤치가 놓여 있었다. 바로 옆에 작은 분수에서는 물이 뿜어져 나왔다. 나는 반가운 마음에 얼른 배낭을 내려놓고 목부터 축였다.

산골 마을엔 인기척이 없었다. 모든 게 고요와 적막 속에 있었고 다만 분수에서 떨어지는 물소리만이 공기를 채우고 있는 찰나, 문득 마을 한쪽에서 고양이 한 마리가 나타나 내 쪽으로 천천히 걸어왔다. 고양이는 사람에 대한 경계심이 전혀 없는지 벤치 위로 훌쩍 뛰어올라 내 옆에 자리를 잡았다. 나는 고양이의 머리를 조용히 쓰다듬었다.

그 순간, 기묘한 평화로움과 안도감이 나를 감싸는 듯한 느낌이 들었다. 이상한 일이었다. 사람이라곤 찾아볼 수 없는 그 적막한 시공간에서 물이, 고양이가, 산등성이로 질 채비를 하고 있는 햇빛이 서로 협업이라도 하는 것처럼 방금 숲길을 빠져나온 나를 품고는 토닥이고 있었다.

태어나서 그런 느낌은 처음이어서 와락 눈물을 쏟고 말았다. 나는 지금껏 살면서 늘 사람에게 위안을 얻으려고 했다. 그런데 이 낯선 곳의 예기치 못한 상황에서 처음으로 그냥 존재하는 것들, 사람보다 먼저 있던 존재로부터 "여기까지 오느라 수고했어." 이런 말을 듣고 있었던 것이다.

그렇게 한바탕 눈물을 쏟고 나니 한결 마음이 편해졌다. 어떤 순간의 나는 내 행동의 이유를 찾으려고 애쓰지만 어떤 순간의 세상은 이유도 없이 내게 말을 걸어온다. 이유 없이 나타나 거대한 감동을 안기는 것이다.

고양이는 불현듯 벤치에서 내려가더니 먼곳으로 터벅터벅 걸어 사라졌다.

그게 내게

여
행
이
다

2021년 가을, 나는 프랑스의 북부 도시 릴에서 3개월 동안 머물렀다. 그때 잠깐 틈을 내 네덜란드 여행을 갔다. 한 해 전, 산티아고 순례길에서 만난 홍콩인 잭 챈 덕분이었다. 그는 자신의 거주지인 로테르담에서 프랑스까지 차를 몰고 나를 데리러 왔다.

나는 그와 함께 로테르담에 갔다가 암스테르담에 다녀왔다. 하루밖에 시간이 없어서 그야말로 주마간산의 여행이었다. 대관절 하루 동안 암스테르담에 대해 뭘 얼마나 느낄 수 있겠냔 말이다.

언뜻 보기에도 그 도시는 정말 흥미로웠다. 시내 광장에서는 클래식 콰르텟이 버스킹을 하고 있고, 하이네켄 양조장은 맥주 체험을 하러 온 젊은이들로 가득했다.

중앙역 주변의 뒷골목은 활기가 넘쳤다. 잭은 나를 기어코 홍등가로 안내해 라이브 포르노 쇼를 보겠느냐고 연신 물어봤다. 나는 답했다. "Maybe later." 마리화나 가게 앞에 서서 한 대 피워 보겠느냐고도 물었다. 역시 말했다. "Maybe later." 이런 것에 대한 내 호기심은 노화와 함께 이미 증발했다. 그러나 인간의 욕망에 큰 제한을 두지 않고, 요조숙녀들이 홍등가 주변에서 아무렇지 않게 산책하고 심지어 매춘부에게 손까지 흔들며 인사하는 이곳 뒷골목의 모습은 생경했다. 내게 모든 생경함은 신선함이다.

반 고흐 미술관에 나를 방목한 잭 챈은 내가 빈센트의 그림에 흠뻑 빠져 있는 두 시간 동안 달리기를 하고 왔다. 그와 나는 여행 스타일이 180도 다르다. 그는 깃발 꽂기식 여행을 하고, 나는 발길 닿는 대로 가고, 머물고 싶은 만큼 머물러야 직성이 풀리는 스타일이다.

내게 여행에서 가장 중요한 건 어딜 갔느냐가 아니라 무엇을 보고 무엇을 느꼈느냐다. 암스테르담 가는 길에 위트레흐트라는 고장에 잠깐 들렀는데, 점심 도시락을 포장하러 구글맵에서 검색한 한국 식당을 찾다가 10분간 비를 맞으며 걸었다. 그런 순간이 내게 여행이다.

전혀 다른 여행 스타일 때문에 잭 챈과 다니는 내내 스트레스를 받았지만, 여하튼 그 덕분에 배를 타고 강을 건너 영화박물관도 기웃댈 수 있었다. 영화박물관에 간 게 중요한 게 아니라, 갑자기 내리는 폭우를 맞으며 마구 뛰어 배에 올라타며 우연이 만들어 낸 순간, 그게 내게 여행이다.

잭 챈은 생각하기 전에 먼저 행동하는 저돌적인 스타일이다. 그래서 자주 잘못된 길로 들어선다. 거기에 대해선 논하지 않겠다. 그는 그냥 그런 사람이다. 암스테르담의 주차장에서 잭 챈은 차 키를 못 찾고 한참 백팩을 뒤졌다. 나는 키가 있을 법한 작은 지갑을 열었다. 키는 거기 있었다. 그는 약간 민망해하며 한 시간을 운전해, 로테르담으로 돌아와 나를 호텔 앞에 내려주었다.

그리고 그게, 내게 여행이다.

착하게 살고 싶어서

　'잘사는 것'과 '잘 사는 것'은 다르다. 말장난 같지만, 자세히 보면 다르다. '잘'과 '사는' 사이에 띄어쓰기가 있고 없고의 차이로 의미가 다르다. 잘사는 건 돈이 많아 풍족하게 사는 것rich이고, 잘 사는 것은 말 그대로 잘well, 제대로 사는 것이다.

　흥미롭게도 대한민국 땅의 잘사는 이들의 태반은 잘 살지 못한다. 가진 걸 잃을까 전전긍긍하고, 더 가지고 싶어 눈알을 희번덕거린다. 어떻게 해서라도 세금을 덜 내려고 머리를 굴리고, 스스로의 천박함은 보지 못하면서 없는 이들이 천박하다고 욕한다. 너무 많이 가졌거나 너무 많은 것을 가지려고 하는 욕망은, 사람을 추하게 만든다. 추해지는지도 모른 채 추해진다.

잘 사는 건 도대체 무엇일까? 이런 자문을 할 때마다 나는 대학 시절에 선배들이 줄곧 내게 물었던 질문, '잘 살고 있니?'라는 말을 되뇌인다. 잘 사는 게 도대체 무엇인지 몰랐던, 그래서 모든 게 막연했던 시절이다. 하지만 지금 돌이켜 보면 그때가 가장 잘 살았던 것 같다. 학교에 갈 차비만 겨우 가지고 다녔고, 점심은 거의 선배나 동기들에게 얻어먹을 만큼 가난했지만, 가장 잘 살았다.

모든 현상과 사물에 대해 끊임없이 질문을 던졌다. 내 것처럼 되어버렸으되 내 것이 아니었던 허위의식을 걸러 내려고 몸부림쳤다. 가장 많이 책을 읽었으며 가장 많은 밤을 지새웠다. 가장 많은 논쟁을 했다. 한마디로 고민이 참 많았다.

고민이 많은 건 잘 사는 게 아니라고 생각할지도 모른

다. 물론 자기 학대나 내면이 피폐해지는 고민은 스스로를 파괴한다. 그러나 자기를 고양하려는 변증법적 고민은 차원이 다르다. 의식의 도약과 철학적 성숙, 그 과정을 통과하는 것 자체가 잘 사는 것이다. 낯 뜨거운 소리처럼 들리겠지만 내가 인격적으로 더 훌륭한 사람이 되는 과정이 잘 사는 것이다. 착한 사람이 되는 것이 잘 사는 것이다.

앞만 보는 게 아니라 옆과 뒤도 살필 수 있는 넓은 시야를 갖는 것. 내 삶의 역사적, 사회적 좌표를 가늠하고, 정당한 신념대로 행동하는 것. 눈치 보지 않고, 변명하지 않고, 바른 신념대로 바르게 행동하는 것. 그러면서 내가 틀렸을 수도 있음을 항상 염두에 두는 것.

누군가 내게 왜 영화를 보느냐 묻는다면 나는 이렇게 대답할 것이다.

"착하게 살고 싶어서요. 잘 살려고요. 그러기 위해 지구상의 숱한 고통과 그로 인한 감정을 더 많이 수집하려고요."

언덕길에서

채집한 것

집 앞 언덕길에서 포크레인 소리가 육중하게 들렸다. 길이 워낙 좁아 양옆으로 아주 좁은 통로가 있었지만, 인부들이 서 있어서 언덕길을 내려가는 게 여의치 않았다. 나는 그들에게 최대한 정중하게 말했다.

"저, 죄송합니다, 지나갈 수 있을까요?"
"아유, 아유, 죄송합니다. 지나가시죠."

인부는 깍듯하게 답하며 포크레인 쪽으로 살짝 움직여 공간을 내주었다. 작업 현장을 스쳐 지나가는 그 짧은 순간, 작업 중인 이들이 왠지 숭고하게 보였다. 주민들의 생활 편리를 위해 땅을 파고 낡은 하수도관을 교체하는 작업이었는데 그 목적의 숭고함 때문에 포크레인의 움직임, 그걸 지켜보는 인부들의 진지함이 모두 찬란하고 아름답게 느껴졌다.

전에는 아마 짜증을 냈을 것이다. '아유 씨. 사람 지나갈 통로를 만들면서 일을 해야 할 것 아니야?' 하고 투덜댔을지도 모른다. 행인의 입장에서 거리의 공사 현장이란 불편하고 흉물스러운 것이니까.

그러나 이번에는 내 감수성이 똑같은 현장을 완전히 다른 느낌으로 받아들이고 있었다. 노동의 현장이다! 내 생활과 직결된 문제를 해결하고 있는 현장! 저이들의 노동 때문에 나는 설거지를 마음 놓고 할 수 있고, 하수구가 막힐 걱정 없이 샤워를 하고 변기의 물을 내릴 수 있다. 그러니 짜증을 내는 것이 얼마나 막돼먹은 짓이겠냔 말이다.

나는 그 현장에서 아름다움을 채집하고 있는 나 자신에게 약간의 나르시시즘적인 도취에 빠졌다.
"어라? 나 잘 살고 있네!"
그렇게 스스로를 칭찬하며 언덕길을 내려왔다.

화양연화

옛 지명 관악구 봉천4동, 지금의 청룡동 일대를 산책하다가 우연히 그 집 앞에 왔다. 1층은 상점, 2층은 가정집인 그 집. 무려 38년 전의 추억이 어린 곳이다. 고백하자면, 열일곱 살 때 여자친구의 집이다. 주변에 재개발된 아파트들이 즐비한데 다행히 이 집만큼은 옛 모습 그대로 남아 있었다.

당시 매일 새벽 두 시쯤 식구들이 잠든 틈을 타 몰래 집을 나와 1킬로미터 정도 밤길을 걸어 이 집 앞에 왔다. 그녀의 방은 길가로 난 2층 오른쪽 방이었는데, 나는 길가에서 아주 작은 돌을 주워 2층 창문으로 쏘아 올렸다. 돌이 창에 툭툭 부딪히는 소리가 나면 조용히 창문이 열리고, 달빛을 받은 그녀가 살며시 고개를 내밀었다. 그렇게 우리는 매일 새벽 로미오와 줄리엣을 흉내 냈다.

어떤 말들이 오갔는지는 별로 기억나지 않는다. 모두 잠든 후였기 때문에 크게 말할 수도 없었고, 2층과의 거리 때문에 속삭임도 전할 수 없었을 것이다. 그러니 우리는 다만 눈빛을 주고받고 때론 숨결도 주고받았을 게 분명하다. 그러다 답답증을 느낀 나는 어느 날 문득 수신호를 보내 그녀를 집 바깥으로 몰래 이끌어 냈고, 그녀는 식구들이 깨지 않도록 조심조심 대문을 열고 나오곤 했다.

그 집 앞.

리비도가 넘치던 시절의 로맨틱한 야행의 목적지. 누군가는 조숙했다고 말할 수도 있겠다. 하지만 제도와 윤리가 그 시절 나의 리비도를 억지로 가두어 놓았지만, 감정과

육체는 자연의 흐름에 무기력하게 굴복하던 시절이었다. 따지고 보면 로미오와 줄리엣도 열네 살이었고, 성춘향을 사랑한 이몽룡의 나이는 열여섯 살이었다. 그들 모두 사랑하기 가장 좋은 나이에 사랑을 했다.

아무튼 이곳, 근대문화유산까지는 아니더라도 내 사적 경험이 묻어 있는 개인사적 문화유산이라고 불러도 좋을 이곳이 쉽게 재개발되지 않기를 바라는 마음이 들었다. 누구에게나 화양연화의 추억이 묻은 한 곳쯤은 죽을 때까지 보존될 필요가 있다.

위층 아저씨

 어머니가 치매를 얻어 요양원 생활을 시작한 건 2002년이었다. 2009년 초에 돌아가셨으니 꼬박 7년이나 요양원 신세를 진 것이다.

 2002년 초쯤 당시 어머니와 함께 살았던 작은형으로부터 "엄마가 이상하다"는 연락이 왔다. 평생 10원짜리 하나 가지고도 덜덜 떨며 사셨던 분이 형에게 용돈으로 쓰라며 선뜻 10만 원을 주었고, 그것도 모자라 위층 사는 아저씨한테는 아무 이유도 없이 10만 원을 주었다는 것이다. 나는 어머니의 치매가 깊어지고 있다고 판단했고 그 길로 노인 병원을 거쳐 요양원으로 모셨다.

한편으로 나는 치매에 걸리면 기억이 사라지며 심성도 달라지나 싶었다. 치매는 최근 기억부터 없앤다. 그래서 종국에는 아주 어릴 적의 기억만 남는다고 들었다. 평생 가난과 사투하며 다섯 남매를 키워야 했던 어머니가 요구하지도 않은 돈을 선뜻 먼저 준다는 건 있을 수 없는 일이었다. 어쩌면 누군가에게 아무 조건 없이 베풀고 싶은 마음이 어머니의 천성이 아니었을까. 그러나 운명적인 가난이, 그래서 남편, 자식들과 돈 때문에 악다구니를 쓰며 살아야 했던 세월이, 어머니의 심성을 모질게 만들어 왔던 것이 아닐까. 치매가 그 모든 기억과 가난에 대한 스트레스마저 걷어가자, 타인을 보살피고 베풀려 하는 측은지심이 회복되었던 것 같다.

지난 가을에 비가 많이 내린 뒤 집에서 물이 줄줄 샜다. 처음엔 빗물이 벽 틈을 통해 실내로 타고 들어온다고 생각했다. 고칠 방도를 못 찾아 난감해하고 있던 차에 위층 아저씨가 문을 두드렸다.

"아무래도 우리 집에 누수가 생긴 것 같아요. 혹시 집에 물 안 새요?"

"아, 새요!"

"역시 그렇구나. 우리 집 보험 들었으니까 수리비 산정해서 드릴게요."

아니, 이런 낭패 끝에 천우신조가! 덕분에 우리 집은 400만 원의 보험금을 받게 되었다. 어안이 벙벙하던 차, 작은형은 저 아저씨가 어머니가 살아계실 때부터 이 건물에 살았다는 사실을 알려주었다. 그래서 가끔 마주치면 옛 시절의 어머니 얘기를 나누곤 한다고. 그러고 보니 그는 어머니한테 10만 원을 받았던 분이었다.

나는 괜스레 위층 아저씨가 20년도 더 지난 일을 잊지 않고 아래층 할머니 자식들한테 보은을 하신 것만 같은 기분이 들었다.

친구 어머니의 모과차

대학 1학년 때 경기도 원당에 살던 동기 녀석은 툭하면 나에게 자기 집에 가자고 유혹했다. 미끼는 내가 좋아하던 모과차. 녀석 집에 갔을 때 어머니가 타주신 그 향긋한 모과차에 나는 그만 혹하고 말았던 것이다. 친구가 "광희야, 우리 집에 가서 모과차를 마시며 현 시국에 대해 논하지 않을래?" 하면, 나는 "시국이고 나발이고 모과차는 마시고 싶다"고 하며 버스를 두 번 갈아 타고 두 시간이나 달려야 도착하는 녀석의 집으로 향했다.

순전히, 그 놈의 모과차 때문에.

한번은 녀석의 집으로 가다가 은평구에서 갈아타야 할 버스가 끊긴 적이 있었다. 우리는 난감했다. 주머니를 탈탈 터니 친구와 내가 가진 돈은 달랑 500원이었다. 그래서 무작정 택시를 잡아타고 운전기사에게 말했다. "기사님, 저희가 돈이 없어서요. 500원어치만 가주시면 안 될까요?" 그때 기사는 헛웃음을 짓더니 "이 사람들아, 기본요금이 600원이야" 하고서는 마음씨 좋게도 목적지에서 약 5킬로미터 정도 떨어진 곳까지 가주셨다. 한밤중 추위와 어둠 속에서 5킬로미터를 걸어온 우리를 예의 어머니의 따뜻한 모과차가 녹여주던 그날 밤을 나는 아마 죽을 때까지 잊지 못할 것이다.

녀석의 어머니는 늘 자정이 다 되어서야 친구와 함께 나타나는 아들에게 잔소리 한 번 안 하시고 아들 친구의 아침 식사까지 살뜰히 챙겨주셨다. 친구 집에 놀러 가면 늘 어머니께 죄송하지만, 어머니의 정성이 가득한 밥을 얻어먹는 게 참으로 큰 행복이었다. 어머니들은 왜 늘 배가 불러 터질 지경이 되어도 한 그릇 더 먹으라고 종용하실까.

아들이 소중한 만큼 아들 친구도 소중하고, 그래서 아들 친구의 어머니 역할을 묵묵히 하시는 걸까. 아무튼 그럴 때마다 나는 어머니가 출근하실 때까지 깨작거리며 기다렸다가 남은 밥을 친구에게 들이밀곤 했다.

친구가 종암파출소 정문에서 "독재 타도!"를 외치며 페인트 병을 던져 일주일 금고를 살고 나오던 날에 어머니는 두부를 들고 경찰서 앞에서 기다리고 계셨다. 나는 아무 말씀도 드릴 수 없었다. 경찰서를 나온 아들에게 어머니는 또 잔소리 한마디 하지 않고 두부를 내미셨다. 감옥살이하고 나온 아들에게 두부를 내미는 어머니의 심정은 어떨까. 가늠조차 할 수 없었다.

친구 어머니가 2024년에 소천하셨다. 목욕을 하시다가 조용히 가셨다고 한다. 크게 앓다가 가시지 않으셔서 정말 다행이다 싶으면서 생전의 성품처럼 가시는 길도 깨끗하시다는 생각을 했다. 어머니의 관을 들기 위해 원주행 버스를 탔다. 친구의 집에 가는 날은 늘 버스를 탔기에 이번에도 버스였다. 그 길에서 모과향이 나는 것 같았다.

돈으로

환산할 수 없는 것

노동의 대가를 돈으로 환산하는 것은 자본주의 시스템에서 전통적인 사고방식이다. '임노동'이라는 말 자체가 임금을 대가로 한 노동을 일컫는다. 시급, 주급, 월급 등의 개념들은 고용주의 필요에 의해 내가 제공하는 노동의 대가가 얼마인지를 알려준다. 시급은 정부가 최저임금을 정한 대로 가고 그 밖의 임금은 물가상승률 등의 변수를 고려한 노사의 임금 협상에 따라 조금씩 상승하는 게 상식이다.

나 같은 프리랜서 방송 노동자의 임금은 딱히 정해진 게 없다. KBS나 MBC 같은 지상파 라디오 출연료는 대략 10만 원이다. YTN 라디오는 그보다 짜서 6만 원이다. 뉴스 출연의 경우 지상파 30만 원, YTN 15만 원 수준이다. 예능은 50만 원이다. 물론 이것은 기본 중의 기본이고 플러스알파는 출연자의 인지도에 달렸다. 유재석이나 강호동한테 50만 원 주겠다고 하면 출연하러 나올까?

유튜브와 팟캐스트로 방송되는 〈매불쇼〉는 지상파 뉴스 출연료에 준해서 준다. 언젠가 내가 방송 중에 〈KBS 뉴스〉와 〈매불쇼〉의 출연료를 비교한 게 효과가 있었는지 그 직후에 소폭 인상했다. 그러나 나는 매불쇼가 예능에 속한다고 믿기 때문에 지금의 출연료가 적당하다고 생각하지 않는다.

아무튼 출연료가 이렇게 방송국마다 들쑥날쑥한 것은 주는 사람 마음이기 때문이다. 프리랜서 방송 노동자들에게 노조가 있을 리 없고, 그러니 출연료 인상 투쟁도 할 수 없다. 주는 대로 받는 것이다.

강의 노동의 경우는 어떨까? 역시 주는 사람 마음인데

그야말로 천차만별이다. 2023년 말에 나는 한 기업체 특강을 했는데, 한 시간 반을 진행하고 500만 원을 받았다. 도서관이나 공공기관에서 강의를 하면 50만 원을 받는다. 대학에서 강의를 하면 시간당 4만 원꼴이다. 중고등학교는? 시간당 2만 5천 원이다. 하루 나가서 4교시 수업을 하면 일당 10만 원이 된다. 희한하지 않은가? 똑같은 사람이 강의를 하는데 어디서 하느냐에 따라 이렇게 크게 차이가 나다니. 역시 주는 쪽 마음이기 때문이다.

내가 하고자 하는 말은, 만약 내 노동의 가치를 돈으로 환산하는 것에 관심이 많았다면 결코 중학교에서 시간 강사로 일하지 않았을 것이라는 얘기다. 500만 원 가치의 강의 노동을 하는 내가 어린 학생들을 대상으로 하면서 고작 2만 5천 원 받는다고 생색내려는 게 아니다. 그런 차원이 아니다. 노동은 노동이고, 돈은 돈이다. 그것을 분리해서 사고한다는 얘기다.

노동을 돈을 벌기 위한 수단으로 생각하면 내 존재가 참담해서 아찔해진다. 살아야 하니까 돈은 벌겠지만, 노동의 목적이 돈벌이가 아니라는 얘기다. 노동의 목적은 생산이다. 즉 새로운 것을 만들어내는 행위다. 만약 그 생산이 누군가에게 혜택을 준다면 돈은 부수적으로 따라온다.

내가 유튜브에서 라이브 방송을 하는 것도 노동이다. 그 노동은 가격이 정해진 것도 아니며 즉각적으로 판매되는 상품도 아니다. 다만, 나의 노동이 시청자에게 유의미한 가치를 주었을 때, 그들은 슈퍼챗이나 후원금 등의 대가를 준다. 그것은 전통적인 방식의 지불 행위가 아니다. 호혜주의와 박애에 근거한 나눔의 행위이기 때문에 주는 이들도 정신적 만족을 느낀다. 그러니 내 유튜브 채널〈최광희TV〉는 노동과 돈이 분리되어 있어서 지속 가능성을 확보하는 장이 된다. 나는 내 채널에서 아무것도 판매하지 않고, 구독자들은 아무것도 구매하지 않지만 돈이 오간다. 정확히 말해 돈으로 포장된 '사랑'이 오간다.

마찬가지로, 나는 중학교에서 아이들을 대상으로 강의 노동을 하지만, 그 대가가 2만 5천 원이므로 2만 5천 원어치 수업을 하는 게 아니다. 그 노동은 돈으로 환산할 수 없다. 나는 교육자로서 양심에 비추어 최상의 수업을 할 의무가 있고, 아이들은 그런 수업을 들을 권리가 있다. 그 현장에서 노동과 돈은 완전히 분리되어 있다.

노동이란 가치를 생산하는 것이다. 가치를 생산할 때 사람은 즐겁다. 내가 생산한 가치가 다른 사람을 즐겁게 할 때 나는 더 즐겁다. 돈은 그 행위에 대한 지불이 아니라, 내 필요에 화답하는 선의의 메아리다.

즐거운 만큼 일하고 필요한 만큼 갖는다. 이것이 노동과 돈에 대한 내 철학이다.

최광희TV의 실험

나는 실험하는 걸 좋아한다. 내 유튜브 채널 〈최광희TV〉에서도 실험을 하고 있다. 프로그램의 제작비를 구독자들의 후원을 통해 조달하는 것이다. 이름하여 '제작 스폰서십'이다. 경제학자 홍기빈 선생의 저서 《어나더 경제사》(1, 2권)을 읽고 인류 최초의 경제 모델이 물물교환이 아니라 '선물' 또는 '증여'라는 형식이었음을 알게 되었다. 서로의 물건을 바꾸는 것이 아니라 그냥 주는 것, 말 된다.

물물교환은 동시적으로 일어나는 교환이다. 주는 물건의 가치와 받는 물건의 가치가 등가인지도 따져야 하니 매우 번거롭다. 이에 반해 선물은 비동시적 교환이어서 오히려 편하다. 지금 줄 수 있는 것을 주면, 나중에 저쪽이 줄 수 있는 다른 것이 온다. 어찌 보면 보험이다.

여기에는 아주 중요한 정서적 매개가 따라붙는다. '선의, 즉 착한 마음'이다. 물물교환의 동기가 단순한 필요라면 선물은 타인을 위하는 마음의 실천이다.

어릴 때 어머니가 요리나 반찬을 하면 꼭 몇 접시 담아 이웃에게 돌리라는 심부름을 시켰던 것도 원시 경제의 형태였던 셈이다. 이 의식으로 공동체가 함께 사는 것, 나누는 것의 미덕이 무엇인지 배울 수 있었다.

〈최광희TV〉의 제작 스폰서십도 그런 개념이다. "내게 제작비를 달라, 그러면 당신에게 뿌듯함을 안겨주겠다." 구독자들은 나에게 제작비를 선물하고, 나는 그들에게 뿌듯함을 증여한다. 이런 개념을 실체화하는 최선의 방법은 후원이다. 그래서 나는 돈을 선물해 달라고 방송할 때마다 읍소했다. 다행히 많은 사람이 화답했다. 선물과 증여의 개념이 여전히 사람들의 DNA 속에 살아 있다는 증거다.

누군가 내게 "반反자본주의라면서 맨날 돈돈돈, 한다"고 조롱하길래 "반자본주의가 뭔지나 알고 들이대라"고 일갈했다. 이 사람은 문명 초기부터 있었던 화폐와 부르주아 탄생 이후의 경제체제인 자본주의를 혼동하고 있다.

자본주의에는 선물, 그러니까 나누는 개념이 없다. 오로지 이윤 추구를 위한 판매와 착취의 개념만 있을 뿐. 자본주의를 작동시키는 동인은 탐욕이다. 선물과 증여의 동인은 선의다. 그러므로 선의에 입각한 후원은, 대단히 반자본주의적인 행위다. 화폐가 필요한 사람에게 돈을 선물하고 행복을 공유하는 방식, 그것이 반자본주의의 요체다.

모순이 차고 차서

흘러넘치면

내가 술을 끊은 것은 의지가 대단해서가 아니다. 끊어야 할 때가 돼서 거의 자동으로 끊게 된 것이다. 나는 변증법적 유물론의 '양질전환의 법칙'을 믿는다. 모순이 차고, 차고, 또 차서 흘러넘칠 지경이 되면 물이 섭씨 100도에서 수증기로 변하듯 질적 전환의 순간이 온다는 것, 그게 세상 이치다. 이는 나에게도 적용된다.

체질에 맞지 않는 알코올을 수십 년 들이붓다가 몸이 더 이상 버틸 수 없는 지경까지 다다랐고, 내 몸은 술을 거부하기 시작했다. 몸과 술 사이의 모순이 차고 넘쳐 질적 전환의 순간을 맞이한 것이다.

오늘날의 한국 정치 지형도 마찬가지라고 본다. 많은 이들이 여당이든 야당이든 지지할 정당이 없다고 한탄한다. 그렇다고 새로운 개혁 세력도 없다. 여전히 1987년 체제의 프레임 안에서 공방을 주고받는다. 누이 좋고 매부 좋은 양당 체제는 '지리멸렬' 자체다. 언론이나 검찰이나 현상 유지status quo를 위해 움직이는 관성을 가지고 있다. 현재의 권력은 보호받고 과거 또는 미래의 권력은 핍박받는다. 역시 지리멸렬하다.

이 시대의 민중은 삶이 나아질 것이라는 희망을 붙잡기에도 지쳐가고 있다. 양극화의 간극은 더욱 커지고 삶의 질은 더욱 퍽퍽해진다. 프랑스혁명사로 치자면 '앙시앵 레짐Ancien Régime(프랑스혁명 이전의 구체제)'의 모순이 증폭되고 있다. 조선 말기와도 같다.

사회의 물적 토대가 근본적으로 변하는 대전환의 시기이니, 정치 체제와 물적 토대 사이의 모순이 차고 넘쳐, 언젠가 질적 전환의 순간을 맞이할 것이다. 대변혁, 또는 혁명의 시기다.

술을 갑자기 끊은 것도 내겐 대변혁과 혁명의 순간이었다. 이후로 그 '순간'의 희열을 최대치로 끌어올리는 게 중요했다. 술을 끊은 지 두 달이 넘어가니 정신과 의사가 내게 물었다.
"술 마시고 싶은 유혹은 어떻게 이겨요?"
"저는 '자뻑'을 좋아합니다. 술을 안 마시는 제가 대단히 멋있다고 생각해요. 반면 술을 마시고 있는 제 모습을 상상하면 찌질하죠."
멋있는 사람이 될 수 있다는 유혹은 술의 유혹보다 훨씬 크다. 게다가 뭘 하려고 하는 게 아니라 단지 안 하는 것뿐이니까.

노력하지 않기 위한 노력

노력이라는 말은 지긋지긋하다. 학교 다닐 때는 대학 입시에 낙방하지 않으려고 노력했다. 대학 졸업반 때는 입사 시험에 합격하려고 노력했다. 입사하고는 직장에서 인정받으려고 노력했고 결혼 후에는 집 한 채 장만하려고 노력했다. 그리고 오십 대가 된 지금은 노후를 위해 노력하란다. 도대체 언제까지 노력하며 살아야 하는가.

텔레비전만 틀면 '노력'이란 단어가 튀어나온다. 사방을 둘러싼 노력 이데올로기는 삶의 양상을 승과 패로 나누고, 계산하기도 불가능한 노력의 질량으로 사람을 줄 세운다. 인생이 잘 풀리지 않는 이들은 노력하지 않아서이고, 잘나가는 이들은 노력해서인 건가? 그 말이 웃기는 소리라는 건 수백 수천 수만 번 입증되었다. 그럼에도 여전히 노력이라는 환상은 힘이 세다.

내가 영화를 혹평하면 노력해서 만든 영화를 왜 까냐고 하던데, 나는 노력하지 않고 만든 영화를 단 한 번도 본 적이 없다. 평론이 영화라는 결과물이 아닌 노력의 과정을 치하하는 행위라면, 차라리 평론가라는 직업의 씨를 말리려고 노력하는 게 더 나을지도 모른다.

노력의 장광설은 "천재는 1퍼센트의 재능과 99퍼센트의 노력으로 만들어진다"는 말로부터 자본주의 세상을 사는 인간을 다스려 왔다고 나는 생각한다. 천재들이나 인생의 99퍼센트를 망할 노력으로 채우며 살라고 말하고 싶다. 나는 그냥 범재이므로 노력하지 않아도 "살다 보면 살아진다"라는 말을 더 믿고 싶다.

근대 철학의 문을 연 데카르트는 말했다.

"나는 생각한다, 고로 존재한다."

최광희는 말했다.

"나는 노력하지 않기 위해 노력한다."

노력하지 않으려는 노력이야말로 자신의 존재를 우주적 차원에서 생각하는, 유일하게 가치 있는 노력이다. 사람들이 내게 술을 끊은 것도 노력의 결과가 아니냐고 물을지 모르겠다. 그건 노력한 게 아니라 술이 지겨워졌기 때문이다. 더 마시다간 죽을 것 같았고, 술 취한 상태가 더 이상 즐겁지 않았다.

유희가 되지 않는 모든 것을 거부하고도 살아지고, 심지어 잘 살아진다는 것을 입증하는 게 내 삶의 목표다.

파도가 다가올 땐

정면승부

    서핑을 할 때 조심해야 하는 순간이 있다. 큰 파도나 너울이 다가올 때, 겁이 나 그 앞에서 등이나 옆모습을 보이다가는 곧장 물속으로 내리박게 되는 것. 서퍼들은 이것을 '통돌이'라고 하는데 몸이 드럼세탁기 속의 빨래처럼 데굴데굴 구르기 때문이다. 사람이 물속에 처박혀 이런 상태가 되면 충격으로 패닉에 빠지고 자칫하면 익사할 수도 있다. 그래서 익사 사고는 대개 똑바로 서면 발이 땅에 닿는 깊이일 때 적지 않게 일어난다. 패닉 상태에서 폐로 물을 들이마셨기 때문인데, 침착함을 잃지 않았다면 목숨을 건질 수도 있었을 것이다.

그렇다면 큰 파도와 너울이 다가올 땐 어떻게 해야 할까. 나는 서핑을 하며 '덕 다이브duck dive'라는 개념을 배웠다. 이른바 '오리 잠수'라고도 불리는 이 기술은 다가오는 파도를 바라보고 수면 밑으로 잠수하는 것이다. 강한 조류에 몸이 뒤로 밀릴 수도 있지만, 일단 물밑으로 잠수하면 충격이 약하므로 패닉을 피할 수 있다. 몸이 수면 아래에 있는 동안 파도나 너울은 내 머리 위를 지나간다.

잠수할 때 중요한 건 파도를 정면으로 바라보는 것이다. 그래야 언제 덕 다이브를 해야 할지 알 수 있다. 사실 이건 웬만한 강심장이 아니면 쉽지 않아서 반복해서 익혀야 한다. 이것은 어부들도 명심하는 수칙이다. 거대한 너울이 다가오면 선수를 너울 쪽으로 향하게 한다. 너울 밑으로 뱃머리가 일부러 잠수하게 만들기 위해서다.

정면승부. 파도가 다가오면, 충격을 피하기 위해 정면을 봐야 한다. 시선을 피하면 충격에 고꾸라진다. 그러니 살기 위해선 똑바로 봐야 한다. 초보 서퍼들이 저지르는 흔한 실수는 보드 위에서 몸을 일으켜 세울 때의 시선 처리다. 대개들 넘어질까 두려워 자신도 모르게 보드의 맨 앞에서 일어난 쪽을 바라본다. 이러면 십중팔구 바닷속으로 빠진다. 시선은 해변 쪽을 향해 있어야 한다. 즉 멀리 봐야 한다는 얘기다. 그러면 안정적으로 자세를 잡으며 일어설 수 있는 가능성이 커진다.

이것은 대단히 상징적이다.
발밑을 신경 쓰면 고꾸라지고, 멀리 봐야 안정적일 수 있다니!

서핑을 배우다 보면 파도의 성질을 자연스럽게 익히게 된다. 파도를 흔히 인생의 역경에 비유하곤 하는데, 파도를 보는 눈이 가장 중요하다. 어떤 파도는 그냥 보내고, 어떤 파도는 붙잡아 탈 것이며, 또 어떤 파도는 어떻게 넘어서야 할지 숱하게 통돌이를 당하며 익히는 것이다.
파도를 정면으로 보되, 직진만이 능사는 아니다. 때론 파도를 피해 우회하는 법도 알아야 한다. 시야각을 넓혀 다른 서퍼들의 움직임도 살펴야 한다. 로컬 서퍼가 붙잡은 파도 위에 올라탔다간 당장 해변에서 쫓겨나도 할 말이 없어진다. 서핑의 세계에서는 파도를 먼저 잡은 사람이 무조건 그 파도의 주인이니까.

그 모든 것이 지혜다. 지혜는 이론만으로 터득되는 게 아니다. 상투적인 말이지만 숱하게 실패해야 한다. 단 10초의 라이딩을 위해 10분이 넘는 시간을 기다려야 할 때도 많다. 그래서 서핑은 라이딩의 예술이 아니라 기다림의 예술이며 풍덩 빠짐의 예술이다.

그람시가

말한 대로

 이탈리아 토리노 출신의 루카는 여행가이자 사진작가다. 그는 여행을 사랑하고 아시아를 좋아한다. 우리가 처음 만났을 때 그는 태국, 미얀마, 베트남, 중국, 대만을 거쳐 몇 달 동안 한국에서 둥지를 틀던 차였다.

 그와 나는 종종 지구상의 정치 상황에 대해 대화를 나눈다. 하루는 루카가 이탈리아의 미디어 재벌 베를루스코니가 이미지 조작을 통해 통치하는 이탈리아의 정치 사회적 상황에 대해 환멸을 느낀다고 말했다. 그는 베를루스코니

뿐만이 아니라 부패한 정치권력에 침묵하고 굴종하는 이탈리아 민중에게도 마찬가지로 환멸을 느꼈다. 언제나 진짜 좌절은 침묵하는 동료 시민들에게서 오는 거니까. 이런 이유로 10년이 넘게 그는 이탈리아로 돌아가지 않고 있다. 그 때문인지 그가 한국에 반하게 된 계기도 2016년 겨울을 달군 촛불혁명 때였다. 그는 말했다.

"한국에는 순종하지 않는 시민들의 에너지가 있어."

고향을 등진 루카는 차라리 노마드(유목민)적 삶의 방식을 택했다. 가진 건 별로 없지만 그는 이데올로기로부터, 애국심으로부터, 경제적 구속으로부터 벗어나 진정한 자유인이 되었다. 어쩌면 가진 게 없기 때문에 자유인이 될 수 있었는지도 모른다.

그는 사람들에게 예의 바르며 늘 호기심을 품고 내 생각을 묻는다. 나는 뭘 다 아는 것처럼 쉽게 단정 짓는 사람보다 언제나 스스로의 무지를 인정하고 겸손하게 새로운 정보를 탐색하는 이들에게서 매력을 느낀다. 그에게선 미래에 대한 어떤 불안감도 찾아볼 수 없다. 집착하지 않고, 탐욕에 구속되지 않는 자는 아름답다.

얼마 전 그와 서촌의 소문난 삼겹살집에 갔는데, 그는 그곳을 "서울에서 가장 맛있는 삼겹살집"이라며 극찬한다. 이제는 주인이 단골인 루카를 알아보고 직접 담근 부추김치까지 내준다.

이날도 루카는 이탈리아의 정치 상황에 대해 냉소적인 논평을 했다. 베를루스코니 통치하에서 경제가 심하게 망가졌고, 최근 정권이 바뀌긴 했지만 "그들은 가짜 좌파"라고 서슴없이 비판했다. 국영 기업의 민영화 바람에도 손 놓고 있다는 게 이유다. 그와 나는 이탈리아의 혁명가이자 이론가였던 안토니오 그람시에 대한 이야기로 옮겨갔다. 그는 그람시가 지금의 이탈리아를 봤다면 무덤에서 벌떡 일어날 것이라고 말했다.

해가 뉘엿뉘엿 질 때쯤 그와의 술자리를 마치고 대리기사를 불렀다. 그런데 무슨 일인지 대리기사는 늦게 도착했고, 내 차가 있는 곳도 찾지 못해 헤맸으며 심지어 투덜대면서 카드 사용도 안 된다고 말했다. 서비스는 형편없었지만, 나는 어찌 됐든 차를 찾느라 시간을 더 쓴 기사에게 약속된 금액보다 만 원을 더 드렸다. 그도 먹고 살아야 하기에.

그날 내가 나름의 윤리적 소비를 한 것은, 루카와 노동과 복지에 대한 대화를 나눴기 때문일 것이다. 그람시를 논하는 건 하나도 중요하지 않다. 그람시가 말한 대로 사는 것이 중요하지.

릴에 사는 그의 고향은

 2020년 가을, 파리에서 열흘 정도 머물렀을 때 젊은 여성 사진작가 최승희 씨를 알게 되었다. 유네스코 한국 대사를 만난 자리에 동석했을 때 처음 보게 되었는데, 나는 그의 명석하고 총기 넘치는 에너지에 홀딱 반하고 말았다. 이야기를 좀 더 듣고 싶어 나는 며칠 뒤, 파리 북역에서 고속열차TGV를 타고 한 시간을 달려 그가 살고 있는 북부 도시 릴까지 찾아갔다.

최승희 씨는 한국에서 사진을 전공했지만 예술계 학맥이 없으면 국내에서 살아남기 힘들다는 차가운 현실과 마주하게 되었다. 그래서 무작정 프랑스로 건너와 학교를 다닌 게 벌써 8년 전 일이라고 말했다.

최승희 씨는 처음 프랑스에 왔을 때 남부의 엑상프로방스에 정착했다. 한국인이 없는 곳으로 가겠다는 생각에 찾은 도시였다. 그러나 그곳에서 릴로 근거지를 옮기게 된 건 작은 계기 때문이었다.

"프랑스에 온 지 얼마 안 됐을 때, 지도교수가 릴에서 전시를 한다고 하더라고요. 그래서 엑상프로방스에서 여길 방문하게 된 거예요. 그때 파티에 갔는데 100명 정도 되는 사람 중에 제가 아는 사람이 한 명도 없었어요. 게다가 교수님도 급한 일이 생겨서 못 오게 된 거예요. 저는 완전히 낙동강 오리알처럼 앉아 있었죠. 사람들이 힐끔힐끔 쳐다보니까 더 외롭더라고요. 그런데 조금 있으니까 사람들이 저를 둘러싸고 이것저것 물어봤어요. 숙소를 제공하기로 한 교수님이 못 오게 된 걸 알고는 서로 자신의 집을 숙소로 내줄 테니 걱정하지 말라고 위로도 해주고요. 그때 저는 결심했어요. 아, 내가 있어야 할 곳은 바로 이 동네다!"

자신과 기운이 맞는 동네와 인연을 맺은 덕분인지 최승희 씨의 릴 생활은 행운의 연속이었다. 시 정부가 도시 재생 프로젝트의 일환으로 옛 기관차의 정비 공장을 젊은 예술가들의 작업 공간으로 변모시켜 만든 'Bazaar St-So'라는 작업실을 싼값에 임대 받을 수 있었다. 게다가 그는 시 정부의 스타트업 지원 사업에 '못 먹어도 고'라는 기분으로 지원서를 냈다가 덜컥 합격했다. 릴 시의 다양한 로컬 제품을 직접 사진 찍어 인터넷에 올리고, 한국 소비자들에게 주문을 받아 배송하는 플랫폼 비지니스를 인큐베이팅하는 것이다. 시 정부는 창업과 관련한 다양한 교육, 재정 지원을 아끼지 않았다.

그는 내게 여행에서 현지에 빨리 적응하는 방법에 대한 몇 가지 팁을 주었는데 그걸 굳이 한국어로 표현하자면 '맨땅에 헤딩'하는 방식이다. 프랑스어를 능숙하게 하는 것보다 어눌한 말투로 손짓 발짓을 하면 오히려 친절하게 잘 대해준다는 것이다.

"여기 사람들은 사정이 딱해 보이면 그냥 막 도와주려고 해요."

어느 여행지에 가든 그는 사람들이 많이 찾는 명소보다 고즈넉한 소도시를 찾았고, 관광객이 많이 찾는 맛집보다 그 동네 사람들이 주로 가는 현지 식당을 찾았다. 그렇게 표면이 아닌 이면의 진짜 삶 속으로 용감하게 직진하는 것이 그의 여행 방식이었다. 그래서 낯선 곳에 빨리 적응하는 방법을 터득할 수 있었던 것이다. 그의 말을 들으며 나는 한국에서 친하게 지내는 이탈리아 친구 루카의 말이 떠올랐다.

"내겐 고향이 없어요. 사람들이 내 고향이죠."

한국에서 태어나 자랐지만 정작 생물학적 고향에서는 이방인 같은 기분으로 살아야 했던 최승희 씨는 릴이 고향이 된 셈이다. 그저 사람들 때문에.

파리 사람들 그리고 수정 씨

　파리에 머물던 2021년 가을, 점심 무렵 뤽상부르공원에서 파리에 살고 있는 작가 친구 목수정 씨를 만났다. 날이 완연한 가을 날씨라 우리는 공원 안을 천천히 산책했다. 시민들이 공원 곳곳에 놓인 철제 의자에 앉아 햇볕을 즐기고 있었다. 평일 낮임에도 사람들이 북적였다.
　수정 씨는 말했다.
　"놀고먹는 사람들이 참 많죠?"
　나는 그들을 보며 궁금했다. 이 사람들은 직업이 없는

건가? 그렇다면 나라에서 생활비를 주는 건가? 참 여러 생각이 들게 만드는 풍경이었다.

프랑스는 주 35시간 노동제를 채택한 나라다. 주 5일 근무라고 치면 하루 7시간 이상 일할 수 없다. 그러니 자연스레 일상의 여유가 많은 것이다.

"몇 해 전 법정 근로시간 연장안에 대한 투쟁에 고등학생들이 거리로 뛰쳐나왔어요. 왜 우리가 어른들 때문에 학교를 졸업하고 노동 지옥에 빠져야 하느냐고요. 결국 그들 때문에 근로시간 연장 시도는 수포로 돌아가고 말았죠."

노동의 가치를 신성시하는 태도는 절반은 맞고 절반은 틀렸다. 노동 때문에 세상이 굴러가는 건 맞지만 노동이 정말 좋아서 과도한 에너지를 쏟아붓고 싶은 사람은 없다. 누구나 자신이 하고 싶은 일에 종사하되, 적당히 일하고 나머지 시간은 인생을 충만하게 사는 데 쓰고 싶은 게 인지상정이다.

그런 의미에서 보면 놀고먹는 사람이 많은 사회는 꽤 괜찮은 사회다. 그들은 아무것도 하지 않고 그냥 노는 게 아니라 문화를 향유한다. 미술관과 공연장에 가고 영화관에도 간다. 창작자와 예술 소비자가 상호작용할 여지가 넉넉한 것이니, 사회 전반의 문화 수준도 고양된다.

그해 가을의 파리한국영화제는 낮 시간에도 상영관에 관객이 꽤 많았다. 저녁에는 입장하려는 줄이 300미터 정도 길게 늘어서 있었다. 그걸 보고 또 한번 '국뽕'을 가득 충전할 기회로 삼을 수 있겠으나 나는 그들의 문화적 열정이 부러울 따름이었다.

우리나라도 빨리 놀고먹는 사람이 많은 나라가 되면 참 좋겠다는 생각을 했다. 장래희망도 건물주나 공무원이 아닌 '하고 싶은 거 하며 놀고먹는 사람'인 청소년이 많아졌으면 한다.

우리는 늦은 점심을 먹고 상원 근처에서 열린 보건패스 연장 반대 시위 현장에 갔다. 100여 명의 사람들이 소리 높여 보건패스는 물론 백신 반대를 외치고 있었다. 수정 씨는 이런 시위가 주최 측에 따라 파리 시내에서 산발적으로 열리고 있다며 좀 더 조직력을 갖추지 못하는 데에 아쉬움이 든다고 토로했다.

시위 현장에는 프랑스 국기를 든 사람들이 적지 않았는데 그들은 프랑스 국가를 부르기도 했다. 한국에서도 태극기 부대의 시위가 있긴 하지만 반정부 시위에 국기가 등장하는 게 나로선 생경한 것이어서 수정 씨에게 그 이유를 물었다.

"국기와 국가가 등장하는 건 당연해요. 마크롱이 프랑스의 정신을 폐기 처분했기 때문이죠. 보건 패스로 자유, 평등, 박애 중에 자유와 평등을 내다 버렸어요."

생각해 보니 프랑스의 애국가는 프랑스혁명 당시 불려졌던 〈라 마르세예즈 La Marseillaise〉다. 가사가 한 나라의 국가라고 보기엔 엄청나게 투쟁적이고 살벌한 건 그래서다.

무기를 들라, 시민들이여!
대형을 갖추라!
전진하라! 전진하라!
적들의 더러운 피로
우리의 밭고랑을 적시도록!

코로나19 팬데믹, 뒤따른 백신 접종과 보건패스, 이런 일련의 과정 속에서 자본에 완전히 복속된 과학의 책임 방기를 비판하고 합리적 의심에 근거해 다른 목소리가 터져 나오는 건, 민주주의 전통 안에서 자연스럽다. 그런데 이 다른 목소리는 공포가 지배하는 사회에선 묻히기 일쑤다. 오히려 그런 목소리를 냈다고 마녀사냥을 당한다. 수정 씨도 프랑스에서의 다른 목소리를 열심히 한국으로 전달하려고 애쓰다가 "미친년"이라는 낙인이 찍혔다.

그래도 그는 쉽게 내상을 입는 나와 다르게 이에 굴하지 않고 용감하게 다른 목소리를 낸다. 나는 국가 권력에 저항할 때 따라오는 고난보다, 국가 권력의 논리를 내면화한 동료 시민들에게 핍박받는 배신감과 외로움이 훨씬 크다는 걸 절감하고 고꾸라지곤 했다. 목수정 씨의 싸움은 동료 시민들의 핍박을 아랑곳하지 않고 여전히 가장 거대한 적, 시민을 지배하고자 하는 욕망을 실천하는 권력자들을 향해 있음을 시위 현장에서 절감했다. 시위장의 유일한 동양인인 그는 시위 구호를 소리 높여 외쳤다.

그래서

어쩔 건데

 언제부터인가 어떤 사안에 대해 대중 스스로 책임을 묻는 게 흔해진 것 같다. 그런 시각에 이렇게 반문해 본다면 어떨까?

 "그래서 어쩔 건데?"

 대중책임론은 하등 쓸모 없는 자조다.

 미디어가 사람들의 일상이 된 뒤로 지배자들은 대중 선동에 애써왔다. 권력이 선거에 의해 선출되는 시대로 접어들면서 권력 창출을 위해서든 권력 유지를 위해서든, 특히

나 미디어에 의한 대중 선동은 중요한 도구가 되었다.

만약 유권자가 완전히 투명한 정보를 접할 수 있는 환경이고 이성적인 토론과 합리적인 결정을 할 수 있는 상황이라면 대중책임론은 일리가 있다. 하지만 나도 알고 너도 알고 많은 이들이 알듯, 대중은 그런 환경에 놓인 적이 없다. 지배자들은 결코 투명한 정보가 대중에게 흘러가는 것을 원하지 않으니까.

대중이 대중을 책망하는 현상은 지배자들에겐 대단히 환영할 만한 일이다. 대중이 서로 손가락질 하는 것은 권력 유지에 아주 좋으니까 말이다. 오늘날의 유권자들은 검찰을 동원한 권력과, 그 권력과 화간하는 언론이 대중을 농락하는 상황을 무력하게 지켜보며 그냥 서로를 욕하고 있을 뿐이다. 이런 모습이 딱 그들이 원하는 풍경이다.

대중의 편향성 이면에 놓인 권력의 작동을 봐야 한다. 그것이 작동하지 않도록 멈춰 세워야 한다. 과연 대중에게 그런 깨어 있는 의지와 조직된 힘이 있을까. 수동적 대중이 아닌 능동적 근대 시민으로 거듭날 수 있을까. 내 머릿속에 그런 질문들이 연이어 떠오른다.

진짜 원흉

김 팀장은 건설 현장에서 인력관리와 건물의 골격을 올리는 일을 한다. 흔히 "철근 콘크리트 구조"라고 부르는 건물 구조에서 철근을 담당한다. 일을 마치면 김 팀장은 퇴근 도장을 찍듯 거의 매일같이 내 펍에 들러 기네스를 마시곤 했다. 어느 날은 그가 부쩍 피곤해 보이길래 나는 물었다.

"뭐 안 좋은 일 있어요?"

"망할 놈의 건축주가 재벌인데 말년에 가오 잡으려고

건물을 세우고 있어요. 그런데 변덕이 죽 끓듯 해서 건물 구조가 하루 만에 바뀌어요. 설계도면이 조금만 바뀌어도 우리는 아주 죽을 노릇이에요. 건축자재를 다시 구해야 하거든. 그러고도 공사 기한은 맞추라니 미치고 팔짝 뛰겠어요."

이제 이런 이야기는 너무 익숙해서 분노하기에도 지친다. 나는 건축 상식을 늘려보자는 심산으로 철근과 철골이 어떻게 다른지, 또 건물의 골격을 어떻게 세우는지에 대해 물었다. 그런데 김 팀장이 대답 하는 와중에 의미심장한 이야기가 나왔다.

"어떤 아파트는 공사비를 아끼느라 층간에 놓을 철제 데크를 안 깔아서 층 사이 벽이 200밀리미터밖에 안 돼요. 그러니 층간소음이 있는 거지. 돈 많은 사람들은 자기 건물 지을 때 그렇게 안 해. 층과 층 사이에 데크를 깔아. 그러면 위층에서 아무리 뛰어도 아래층에서 아무 소리도 안 들려요."

나는 그의 말을 들으며 층간소음 때문에 살인까지 벌어

진 사건들을 떠올렸다. 그리고 생각했다. 층간소음 때문에 싸우는 건 이웃의 잘못인가, 공사 기한을 단축하고 공사비를 아끼려고 데크를 안 깔기로 한 건축주의 잘못인가.

대개 사람들이 짜증 날 때는 짜증이 나게 만든 진짜 원흉의 잘못은 희석되어 있다. 그리고 그냥 편리하게 즉각 눈에 보이는 사람을 탓한다. 사실 우리는 이 허약한 구조에서 같은 처지인데, 서로를 탓하도록 유도된 희생양들이 아닐까.

사람이 아니라

개다?

   수업 시간에 집중하지 못하고 떠드는 아이들을 향해 말했다.

   "너희들이 떠드는 것은 당연하다. 아직 어리기 때문이다. 사람이 덜됐기 때문이다. 그래서 도덕을 배우는 거다. 도덕은 여러분을 사람 만드는 과목이다."

   그날 이 말이 학부모에게 이렇게 와전되었다.

   "너희는 사람이 아니라 개다."

열받은 학부모는 학교에 항의했다.

"그 선생님이 우리 귀한 자식한테 사람이 아니고 개라고 했다고요."

교무부장이 내게 전화했다.

"도덕 교사를 자르지 않으면 시위를 하겠대요."

나는 마침내 알게 되었다. 수많은 교사가 왜 거리에 나서고 있는지를. 학생과 학부모의 낮은 문해력은 내가 한 말의 전후 맥락을 다 거세했다. 거기에 교육 현장에 대한 학부모의 불신이 맞물리자, 교사의 교권을 박탈해 버리겠다는 말이 아주 쉽게 나왔다.

나는 학생들이 '사람이 된다는 건 무엇일까'를 고민하기를 기대했지만, 아이들이 그걸 고민하기 전에 학부모가 고민의 싹을 잘라버리고 적을 만들어 배척하는 법부터 알려주었다. 아이들에게 착하게 살라고 말하고 싶었을 뿐이었는데 적개심을 품은 이들에 의해 나는 너무 쉽게, 너무 빠르게 악마가 되었다.

나는 교무부장에게 말했다.

"어차피 계약직 교사이니 더럽고 치사해서 그만두고 싶지만, 절대 그럴 일은 없을 겁니다. 학교 측이 잡음을 만들기 싫다면 저를 자르시고, 그렇지 않다면 교권을 지켜주십시오."

며칠 뒤 학교는 내게 계약이 해지되었다고 우편으로 통보해 왔다. 교권이고 나발이고 학교에서 시끄러운 일이 벌어졌을 때 할 수 있는 가장 편리한 선택을 한 셈이다.

악의는, 악의를 품은 자가 있고, 미필적 고의의 침묵을 행하는 방조자가 있으면 관철된다. 악의를 품은 자는 사람을 서열화하는 사회구조가 내뿜는 더 큰 악의에 의해 자신의 존재감을 잃어버리고 주변부로 밀려난 이들인 경우가 많다. 그래서 그들은 눈에 보이는 이들을 대상으로 악의를 창조하고 실천하며 살아갈 이유를 찾는다. 악의가 정당화되는 연쇄 고리를 방조하고 도망친다면, 나 또한 공범이 된다.

대화의 ABC를

건너뛰면

내가 한때 운영했던 펍에는 한동안 '젠젠'이라는 닉네임을 쓰는 여성 바텐더가 일했다. 젠젠은 10년 전쯤 인도 북부의 히말라야 고원지대인 라다크에서 오랜 절친과 함께 3년간 카페를 운영했다. 그때의 경험으로 《한 달쯤 라다크》라는 책을 썼다. 또 크루즈 여행으로 지구 반 바퀴를 돌고 《어쩌다 크루즈》라는 책을 쓰기도 했다.

한번은 펍에 온 한 손님에게 그를 소개한 적이 있다. 책도 보여주면서 말이다. 책을 집어 든 그는 스르륵 페이지를 넘기더니 젠젠에게 이런 말을 건넸다.

"저랑 친한 분이 유명한 여행 작가예요. EBS 〈세계테마기행〉에도 나왔어요. 원하시면 다음에 소개해 드릴게요."

나는 이 말이 아주 이상하게 들렸다. 보통 이런 경우, 젠젠이 쓴 책이나 라다크라는 지역에 대해, 혹은 그가 어떤 크루즈를 타고 어느 지역을 여행했는지에 대해 물어야 정상이다. 상대에 대한 자연스러운 관심을 드러내는 건 대화의 기본 중 기본이니까.

그런데 그는 대뜸 자신의 인적 네트워크를 과시하는 말로 입을 열었다. '나는 이런 사람이다'라는 걸 드러내고 싶은 욕망이 압도적으로 커서 대화의 ABC를 건너뛰어 버린 것이다.

간혹 이런 이들을 만난다. 자신이 누구를 알고 있고, 그가 얼마나 대단한 사람인지, 혹은 자신이 소싯적에 얼마나 잘 나갔던 사람인지를 주절주절 떠든다. 그게 말하는 내용의 80퍼센트 이상이 되면, 오히려 이 사람은 자존감이 매우 낮은 상태에 있구나, 라는 생각이 든다. 자존감이 높은 사람은 자신에 대한 설명에 집착하지 않는다. 이건 역지사지의 태도를 갖추고 있다면 금세 알 수 있는 이치다. 상대가 자기 말만 떠들고 있을 때 내가 얼마나 지루했는지를 떠올리는 게 그리 어려운 일은 아닐 것이다. 대화는 '날 봐 달라'는 인정 투쟁의 수단이 아니라 교감의 기술이다.

그들이 틀어진 이유

　이웃 고깃집의 푸 사장은 매일 우리 가게에 와서 맥주를 들이켰다. 그는 내가 SNS에 자신의 이야기를 종종 올리고 있음을 알고 있었다. 나는 그에게 책이 나올 때까지 절대 글을 보여줄 수 없다고 선을 그었다. 그래도 그는 자신의 이야기가 등장한다는 것만으로도 살짝 상기된 표정을 지었다.

　인간은 누구나 인정을 욕망한다. 푸 사장도 마찬가지다.

그는 인건비를 줄이려고 주방 일을 도우러 나오신 어머니에게 장사 잘하는 아들로 인정받고 싶어 한다. 코로나 시기라 장사가 예전 같지 않은 모습을 어머니에게 보여야 하는 게 여간 민망한 게 아니다. 손님들에게도 맛있는 집이라고 인정받고 싶다. 그래서 가끔 내가 그의 가게에서 밥을 먹고 "맛있네요"라고 한마디 하면, 그의 입이 귀에 걸리곤 했다.

그만큼의 인정이면 족할까? 아니다. 그는 더 넓은 범위의 인정을 받고 싶다. 그래서 그의 이야기가 내 글에 나오는 걸, 내용도 모른 채 기분 좋아하는 것이다. 가족의 인정이면 족하고, 친우들의 인정이면 족하고, 고객의 인정이면 족하다고 말한다면, 어쩌면 그건 위선이다.

인간이면 누구나 더 넓은 범위에서 인정받기를 갈망한다. 그래서 시간과 공을 들여 유튜브를 한다. 페이스북에 글을 쓰고 인스타그램에 사진을 올린다. 인정받기. 사실 그게 삶을 살아가는 가장 중요한 이유일지도 모른다. 사회란 구성원들이 서로를 인정하는 시공간이다. 그래야 이 연결망 속에서 자신의 존재 이유를 확인할 수 있기 때문이다. 푸 사장도 인간인 이상, 가족과 손님을 넘어선 범위에서의 인정을 은근히 바라거나 그런 상황이 발생하면 기분이 좋아질 수밖에 없는 것이다.

그런데 그의 인정 욕망을 훼손하는 일이 얼마 전에 벌어졌다. 그의 가게 단골이자 내 가게의 단골이기도 한 동네 공사장 김 팀장과의 사이가 틀어진 일이 생겼다. 호형호제하던 두 사람이 서로 안 보게 된 건, 어느 날 밤 푸 사장이 술에 취해 김 팀장에게 한 말이 발단이 되었다.

따로따로 내 펍에 들러 맥주를 들이켠 두 사람의 증언을 종합한 결과, 푸 사장은 자신보다 열 살 정도 위인 김 팀장에게 "어디서 맛난 거 처먹고 다니냐?"라는 막말을 했고, 김 팀장은 그런 그에게 "넌 내 인생에서 아웃"이라고 선언했다고 한다. 그리하여 김 팀장은 매일 저녁 일이 끝나면 고기에 소주 한 잔 하러 가던 푸 사장의 가게에 돌연 발길을 끊은 것이다.

표면적으로는 푸 사장의 잘못이다. 그러나 여기에는 히스토리가 있다. 푸 사장은 평소 자신에게 감 놔라 배 놔라

하던 김 팀장이 썩 마음에 들지 않았다. 김 팀장은 "삼계탕을 먹고 있으니 와서 소주 한 잔 하고 가라"며 일하고 있는 푸 사장을 오라 가라 했고, 푸 사장의 가게에 와서는 "어머니가 나와서 고생하고 계시는데 술 마시고 다니면 되겠냐"고 훈계하는, 앞뒤가 안 맞는 행태를 보였던 것이다.

아마도 김 팀장은 작업 현장의 인부들뿐만 아니라, 푸 사장 역시 자신을 믿고 따르는 또 다른 인정자로 여기고 싶었던 모양이다. 그래서 밥을 먹을 때도 식대를 계산하지 않고 달아놓고 먹는, 푸 사장으로서는 달갑지 않은 방식으로 자신의 '인정받는 위치'를 확보하려고 했다. 그와 똑같은 욕망을 푸 사장도 안 가졌으리란 법은 없다.

김 팀장과 푸 사장의 관계에서는 평등이 빠져 있다. 김 팀장은 '훈수 두는 형'이자 '단골'이라는 우위를 점하고 싶었던 것이고 그런 위계 속에서 필연적으로 불거질 수밖에 없는 관계의 불균형 상태가 한동안 지속되었던 것이다. 그래서 나는 푸 사장이 내면에 꾹꾹 눌러왔던 불만의 마그마가 술을 핑계로 폭발했다고 분석했다. 한마디로 그는 자신이 김 팀장을 인정해 주는 만큼 그에게서 인정받지 못했다는 불만을 거칠게 표출한 것이다.

입에 발린 말로 상대를 치켜세울 필요는 없다. 그런 립 서비스를 처세로 삼는 이들도 적지 않지만, 상대의 가치를 정확하게 표현해 주는 것이야말로 '인정'이다. 그러나 현실에서는 남을 깎아내리는 행위가 난무한다. 남을 깎아내리는 건 또 다른 차원에서 인정을 갈구하는 행위다. 그렇게 해야 자신이 우월한 위치에 있다는 걸 확인하고 안심할 수 있을 테니 말이다. 그런 '셀프 인정 행위'는 자신의 품격을 깎아먹고, 상대를 상처받게 만들 뿐이다. 이런 관계는 필연적으로 파탄 난다. 푸 사장과 김 팀장의 관계는 회복되기 어려울 것 같다.

어느 날 귀인을

만났다

나는 운명이나 기적 같은 단어를 믿지 않는다. 내 인생에서 그런 일이 벌어진 경우가 없었기 때문이다. 운명이나 기적은 내 의도와 상관없이 행운처럼 찾아오는 어떤 것이었다. 이를테면 선물로 받은 로또가 맞는다거나 수백억 자산가가 실은 내 진짜 아버지라며 나타난다든가 어릴 때는 그런 유치한 꿈도 꿨지만, 현실은 언제나 예상대로 척박했고 기대를 벗어나지 않은 채 냉랭했다. 그래서 "운명은 내가 개척하는 것이고, 기적은 준비된 이에게만 찾아온다"는 걸 지론으로 삼았다.

그런데 여기에는 '사람'이라는 아주 중요한 변수가 빠져 있었다. 내 인생의 변곡점마다 사람이 있었고, 나는 그때마다 그 사람에 대한 신뢰에 기반한 선택을 해왔다. 어쩌면 사람은 호재이기도 하고 악재이기도 하다. 사람과의 관계는 대부분의 경우 처음에는 설렘과 기대로 시작했다가 시간이 흐르며 실망과 권태에 빠지게 된다. 그러면 간 쓸개도 다 내줄 것 같은 사람과도 시나브로 멀어지고 만다.

내 인생은 그런 인연들의 점철이었다고 해도 과언이 아니다. 그래서 나는 어느 순간 운명과 기적이라는 단어를 거스르며 동시에 사람이라는 변수까지 제거해 버렸는지도 모른다. 내게 사람은 운명이나 기적이라는 프레임에 포섭되지 않는 영역이었던 것이다.

그러나 이런 지론을 비웃기라도 하듯, 2021년 초봄에 기적 같은 인연이 찾아왔다. 오디오 기반의 소셜 미디어 클럽하우스clubhouse에 한참 빠져 있을 때였다. 나는 골든글로브에서 수상한 영화 〈미나리〉의 언론 시사회에 다녀온 걸

계기로 클럽하우스에 영화 리뷰 방을 열었다. 거기에는 이미 미국에서 개봉한 〈미나리〉를 본 재미동포들이 꽤 많이 들어왔다. 우리는 자연스럽게 하나의 커뮤니티를 형성하게 되었다. 그들과 거의 매일 온라인에서 만나 대화를 나누던 중에 나는 당시 문래동에서 펍을 오픈하려다 계약이 좌초된 사실을 알리게 됐다. 그리고 그 펍의 콘셉트는 예술가들이 모이는 문화살롱이었다는 것도 말했다. 그때 미국 텍사스에 사는 한 분이 내게 불쑥 제안을 했다.

"제가 장충동에 건물이 한 채 있어요. 거기 1층과 지하는 작년까지 카페였는데 지금은 비어 있죠. 가서 보시고 마음에 드시면 건물 관리인인 제 친구와 얘기를 잘해보세요. 전형적인 임대 방식이 아니라 동업 방식으로도 해볼 수 있을 거예요."

그의 이름은 김귀선, 나로선 '귀인'인 셈이다. 물리학을 전공한 그는 일찌감치 미국에 정착해 연구원으로 활약했고 부모님에게서 물려받은 장충동 건물에 대한 관리를 대학 친구에게 맡겼다. 제안을 받은 나는 흥분에 떨었다. 그가 보내준 몇 장의 공간 사진을 보고 홀딱 반하고 말았다.

특히 지하 공간이 정말 매력적이었다. 긴 커뮤니티 테이블까지 있었다. 이미 상당히 세련된 인테리어를 해놓았으니 약간만 손보면 그대로 활용할 수 있겠다 싶었다. 카페 운영 시절에 쓰던 냉장고나 식기 세척기, 제빙기도 재활용하기에 안성맞춤이었다. 이곳이야말로 내가 원하던 펍을 만들 수 있는 공간이었던 것이다.

관리인을 만나는 날, 나는 미리 준비한 프리젠테이션 자료를 들고 가 1층 30평, 지하 40평의 건물을 1920년대 프랑스 파리의 문화 예술인들이 교류했던 살롱처럼 변모시키겠다는 청사진을 제시했다. 내 설명을 듣고 있던 관리인은 묘한 미소를 지으며 내게 말했다.

"재밌겠네요. 한번 해보시죠."

그도 나처럼 직관적으로 뭔가를 결정하는 사람이라는 느낌이 들었다. 내가 이 공간을 직관적으로 펍의 터전으로 생각했듯, 그도 내가 비어 있는 공간을 의미 있는 곳으로 바꿀 수 있을 것이라는 기대를 직관적으로 품은 듯 보였다. 대개 직관의 힘으로 판단하고 결정하는 사람들은 서로를 알아본다.

그렇게 천우신조의 기회가 열렸다. 우리는 곧바로 계약서를 썼다. 수익을 배분하는 대신 임대료는 없다. 한국에서 많은 자영업자들이 임대료 부담 때문에 결국 좌초한다는 걸 잘 아는 나로선 거의 상상할 수 없는 사업모델을 갖게 된 셈이다. 미국에 있는 건물주와 한국에 있는 관리인은 모두 내가 이 공간을 어떻게 활용하게 될지 자못 호기심을 품고 지켜보는 입장이었다. 그들은 세입자를 착취하는 전형적인 한국의 부동산 자산가들과는 다른 결을 지닌 사람들이었다. 눈앞의 이익을 좇기보다 흥미롭고 의미 있는 일을 찾는 이들이었다.

이 일은 운명과 기적의 프레임에 사람이라는 변수가 포함되지 않는다는 내 믿음을 단숨에 뒤집어 버린 대사건이었다. 그들과의 만남은 '사람이 포함된' 내 인생 최초의 기적이었다.

사실은 정중한 그

〈매불쇼〉 MC 최욱은 내 인생에서 손에 꼽을 만한 기인이자 내게 귀인이기도 하다. 삼십 대 이후 20년 넘게 이런저런 방송을 기웃대며 영화평론을 해온 내가 사실상 처음으로 마음대로 떠들어댈 수 있는 멍석을 깔아준 게 그가 진행하는 〈매불쇼〉였기 때문이다.

나는 그곳에서 영화평론에 관성적으로 기대하는 고정관념을 탈피해 내가 생각하는 바를 최대한 솔직하게 말하고, 때로는 거친 표현도 서슴지 않게 할 수 있었다.

그와의 첫 인연은 2017년에 시작됐다. 나는 그해 tvN의 〈젠틀맨 리그〉라는 방송에 출연했는데 그때 패널이었던 정영진 씨를 알게 되었다. 그는 당시 홍대 근처에 있는 허름한 건물의 지하실에서 팟캐스트 〈불금쇼〉를 방송하고 있었는데, 어느 날 내게 연락을 해 출연을 부탁했다. 나는 흔쾌히 나갔고 그곳에서 방송을 괴상하게 하는 한 사람을 만났는데, 그가 최욱이다.

그는 주류 방송의 출연자들이 흔히 가지고 있는 책임감이나 사명감 따위는 아예 안중에도 없었다. 그냥 입에서 튀어나오는 대로 말하는 듯 보였다. 말의 내용은 대단히 직설적이고 솔직했고, 발음은 아주 또박또박하고, 발성도 듣기 좋게 쩌렁쩌렁했다. 이듬해 그들은 팟빵에 소속돼 〈매불쇼〉를 론칭했고, 나는 영화 코너의 고정 출연자가 되었다. '시네마지옥'의 시작이었다. 처음엔 나 혼자 했던 시네마지옥은 이후 변화를 거듭하다가 4인 체제로 굳어졌다.

최욱이라는 캐릭터는 그 자체로 방송 언어의 혁신을 보여주고 있었다. 속마음을 거침 없이 쏟아내는 그의 방송은 팟캐스트와 유튜브가 기존 주류 방송의 위선을 뛰어넘고 있다는 방증이었다. 기존 방송의 종사자들도 그의 프로그램을 열성적으로 들었고, 그는 몇몇 지상파 방송 프로그램에 불려 나가기도 했다. 나 역시 그와 함께 MBC 〈섹션TV연예통신〉에 나가 1년간 영화 비평 코너를 진행하기도 했다.

최욱의 특징은, 방송 중에 출연자들과의 공적 관계를 사적 관계로 치환해 버린다는 점이다. 방금 만난 사람과도 알고 지낸 지 10년은 넘은 동네 형이나 동생처럼 대한다. 영화감독에게도 "어이, 감독 양반!" 하고 부른다. 출연자의 나이가 조금 어리다면 "새끼"라고 부르는 것도 서슴지 않는다. 누가 봐도 무례하다. 하지만 그는 방송이 끝나면 언제 그랬냐는 듯 정중하고 예의 바른 사람으로 돌아간다.

보통의 주류 방송에서는 반대다. 방송을 하는 동안에는 서로에게 깍듯하게 예의를 지키지만, 카메라에 불이 꺼지면 "이놈 저놈"하며 반말을 하거나 때로는 형 동생을 자처하며 서로 밀어주고 끌어준다. 눈 가리고 아웅, 짜고 치는 고스톱이다. 그런데 최욱은 그걸 거꾸로 하고 있는 것이다.

이것은 주류적 위선을 전복하고 격파하기 위한 그만의 방식이다. 공적 관계의 틀을 시청자 앞에서 무너뜨려 버림으로써 상대의 솔직함을 끌어낸다. 그러나 위험도 있다. 일단 기존 방송 언어에 익숙한 시청자들에게는 신선하되 충격적으로 보일 수 있다. 〈매불쇼〉를 시작한 지 7년이 지났지만 여전히 최욱의 언어에 시비 거는 보수적인 시청자들이 적지 않다.

그럼에도 그가 개의치 않을 거라는 걸 나는 안다. 중요한 건 말의 형식이 아니라 말의 내용이다. 나는 살아오며 형식에 얽매여 '해도 그만 안 해도 그만'인 위선 언어의 향연을 지겹게 봐왔다. 그렇게 위선과 기만에 찌든 방송이 한계에 갇혀 있을 때 최욱이라는 혁신적 문화 아이콘이 등장한 것이다.

연예인병

매불쇼 1

〈매불쇼〉 시네마지옥 팀이 회식할 때였다. 내가 2019년 〈매불쇼〉 출연을 그만둘 당시의 얘기가 나왔다. 난데없이 그만둔 이유에 대해 여러 말이 오가다 같은 자리에 있던 최욱이 말했다.

"그때 형이 연예인병 걸렸어. 맞지?"

나는 조금 망설이다가 "그랬지, 맞아. 연예인병이었어"라고 인정할 수밖에 없었다.

'연예인병'이 뭘까? 연예인인 적이 없어 그 병의 증상을 모르지만 그만 둘 때의 심상을 떠올려 보니 어렴풋이 알 것 같았다. 그건 상상할 수도 없는 관심의 대상이 된 것에 대해 깜짝 놀라는 병이다. 관심은 따뜻한 사랑의 언어를 적잖이 받게 되는 걸로 나타나는데 그 관심의 언어라는 게 도무지 내가 아닌 다른 사람에 대해 말하는 것처럼 느껴진다는 것이다. 쉽게 말해 사람들이 말하는 나와 내가 생각하는 내가 다른 사람이라는 것. 그 간극에서 생기는 병이 연예인병인 것 같다.

또한 그 관심의 형식은 두 가지로 나뉜다. 칭찬하는 형식, 저주하는 형식. 이 두 가지 형식의 간극이 너무 큰 것도 분열증을 유발한다. 여하튼 다 합쳐서 나는 이것을 연예인병이라고 생각한다. 이런 건 전문 상담 영역에 놓여야 하는데 아쉽게도 국내 그 어떤 정신과 의사도 이런 증상에 대한 치료법을 갖고 있지 않은 걸로 알고 있다. 그러므로 정신과에 찾아가는 것도 큰 도움이 되지 못했다.

그래서 나는 그때 그만두었던 것이다. 더 하다간 우울증이나 공황장애에 걸릴 수도 있겠다 싶었다. 한 해는 유럽을 떠돌고 한 해는 펍을 운영했다. 그렇게 2년여 동안의 방황을 마친 뒤, 2022년부터 다시 〈매불쇼〉에 정규 멤버로 출연했다. 그리고 그로부터 3년여가 지난 지금, 나는 다시 연예인병 증상이 오고 있음을 자각한다.

사람들은 코미디 쇼에 나오는 영화평론가가 언제나 유쾌하게 살 것이라고 생각하겠지만, 거기 나오는 내 모습은 영화를 좀 더 재미있게 말하려는 의도에서 창조된 캐릭터다.

나는 불합리와 부조리를 참지 못하는 성미를 가지고 있다. 용인할 수 없는 태도 앞에서 화를 잘 낸다. 그래서 언제나 세상과 불화하고 그것이 고통스럽다. 그런데 부조리 속에서 웃음을 뽑아내야 한다는 강박은 나를 두 배 더 고통스럽게 만든다. 그걸 코미디로 승화시키는 건 언제나 최욱이고, 그래서 고맙다. 내가 얼마나 고통스러워하고 있는지 그도 잘 알 것이다. 다소 격앙된 방송이 끝나면 어김없이 전화를 걸어와 "괜찮냐"고 묻는 그다. 그것까지 알아주니 고맙다.

그러나 여전히 진실을 코미디로 승화하는 게 진실을 왜

곡하는 것이라고 생각될 때마다 고통스럽다. 이것이 모두 연예인병일 터, 아마도 최욱은 나보다 천 배 더 힘들 것이다. 그래서 나는 견디는 것이다.

  극복해야 할까? 극복해야 한다. 답답한 세상을 살아가는 이들에게 놀림거리가 되는 것이 나는 못나게도 아주 힘들지만 최욱을 보며 참는 것이다.

춤추는 평론가

매불쇼 2

〈매불쇼〉는 2018년 첫 방송 때부터 출연진으로 함께했었다. 이 방송이 코미디라는 콘셉트에 무난히 안착할 무렵, 나는 여러 이유로 회의감이 들어 다음 해 늦가을, 스스로 하차했다.

2020년 가을에 유럽을 다녀온 뒤 다시 한 달에 한 번쯤 출연하기 시작했고, 이듬해 석 달간 유럽 여행을 다녀온 뒤 귀국하니 제일 먼저 불러주는 걸 봐서 이 방송의 제작진은 이른바 의리라는 게 있는 것 같다. 나는 예전에 비해 조금 더 유연해졌다. 코미디 콘셉트의 토크쇼에 크게 위화감이 들지 않는다는 얘기다. 어쩌면 그건 평론의 근엄한 젠체를 깨는 시도가 될 수도 있다.

사실 예전에 친구이자 팝 칼럼니스트 김태훈 씨와 함께 〈손바닥 TV〉라는 온라인 채널에서 그런 시도를 한 적이 있다. 우리는 보통의 평론가들은 결코 하지 않았던 온갖 개그를 선보였다. 그래놓고 새삼스레 〈매불쇼〉의 콘셉트가 나와 맞지 않는다고 여겼던 것은 내가 시나브로 근엄해진 탓이 클 것이다.

그들은 나를 "미치광희"라고 부른다. 그 별명부터 한없이 가볍다.
가볍게, 가볍게, 잽! 잽! 잽!
그러면서 영화 이야기를 한다. 어떤 시청자들은 재미만 추구하겠지만, 어떤 시청자들은 그 속에서 내가 전하려는 메시지를 포착할 것이다. 나는 그 믿음이 있기에 흔쾌히 까불다가도 짧지만 아주 중요한 순간에는 정색하고 말할 수 있다. 영화를 전하는 방식이 달라지고 있고 〈매불쇼〉는 늘 내게 다른 방식으로 말하라고 요구한다는 점에서 고마운 방송이다.

2019년 가을, 〈매불쇼〉 전국 투어 콘서트가 열렸다. 나는 그 무대에서 러블리즈의 노래 〈Ah-choo〉에 맞춰 춤을 추었다. 내 모습을 보고 사람들이 많이 웃었다. "생각보다 재미가 없고 지루해서 거의 망친 콘서트를 미치광희가 구원했다"는 평가가 잇따랐다.

나는 누군가 내게 '뜬금없이 왜 걸그룹 춤입니까?' 하고 물어보기를 은근히 바랐다. 그러나 아무도 묻지 않고 그저 웃기만 했다. 사람들은 내가 미치광희일 뿐만 아니라 지식인이라는 걸 가끔 잊나 보다. 만약 누군가 나에게 기획 의도를 물었다면, 이와 같은 대답을 했을 것이다.

"생각해 보시오. 중년의 남자가 걸그룹 춤을 추면 얼마나 가관이겠소. 그런데 장난처럼 흉내 내기만 하면 안 되오. 잘 춰야 하오. 그래야 더 가관이 되오. 약간 소름 끼치는 웃음이 나올 것이오. 거기에 하나 더, 평론가는 근엄한 표정을 짓고 뭔가 박식한 듯한 언어를 구사한다는 고정관념에서 탈출하고 싶었소. 그걸 위해 한 달간 춤 연습을 했고, 쓰지 않은 근육을 쓰느라 이후 한 달은 절뚝대고 다녔지만, 보람 있는 미친 짓이었소."

설령 많은 이들이 '저 사람 미친 거 아냐?' 하며 손가락질을 해도 뇌가 맑은 이들은 내 의도를 눈치챘을 거라고 생각한다. 또한 사람들이 폭소하는 광경을 목격한 이는 아마 나밖에 없을 것이다. 나는 그 광경을 보고 싶었다. 정말이지 아무나 못 보는, 구경거리를 자처한 미친 자만이 볼 수 있는 객석의 광경!

언제 또 콘서트가 열릴지 모르겠다. 그때는 (이제 막 배우기 시작했지만) 땅고를 추게 되기를 희망한다.

춤추는 평론가Dancing Critic, 얼마나 멋진가!

'전문'이라는 수식어에 갇히는 건 죽어도 싫다. 나는 그저 경계를 오가며 가을 들판의 갈대처럼 너풀대도 그럭저럭 행복하게 살아진다는 것을 입증하고 싶을 뿐이다. 대단히 소박한 소망아닌가.

왕관도 쓰지 못했는데

무게를 견디라니

  방송국 주변을 어슬렁거리며 산 지도 어언 30년이 다 되어 가는 마당에, 아직도 적응하지 못하는 게 있다. 사람들이 나를 알아보거나 말을 걸 때다. 정말 어색하다. 특히 내가 올린 게시물에 "광희형", "광희야" 같은 댓글이 달린 걸 보거나 "최강희", "채강히" 하며 일부러 내 이름을 틀리게 쓰는 이들을 볼 때면 짜증이 난다. 오십 대 중반의 사람이 그렇게 불리는 게 흔쾌하다면 거짓말이다. 나도 존중받아야 할 한 사람이다.

그럼에도 그런 호칭이나 어투가 친근감의 표현이라는 것을 잘 안다. 특히 〈매불쇼〉는 코미디 프로그램이라 시청자들이 더더욱 격의 없이 대하는 게 익숙한 건지도 모른다. 그러니 감사할 일이라고 어떤 사람은 말하겠지만 솔직히 나에겐 감사까지는 아니다. 기분이 나빠도 감수할 뿐, 왕관도 쓰지 못했는데 무게를 견디라니. 참 내. 여하튼 그건 내 숙명이다. 유식한 척, 교양인인 척 하지 않는 평론가에 대한 호감 표현이라고 받아들이는 게 마음 편하다.

2021년 팔자에도 없는 펍을 운영했을 때, 팬을 자처하는 분들이 종종 찾아왔다. 그들은 "존경한다", "선생님은 이 시대의 빛입니다" 하며 과찬을 늘어 놓고, 악수하려고 내놓은 내 손을 한참 흔드는 것도 모자라 자리에 동석할 것까지 요구해 나를 난처하게 만들기 일쑤였다.

그리하여 나는 팬이라고 하는 이들 앞에서 감정노동을 해야만 했다. 어떤 이들은 내가 동석을 거부하자, 일찍 자리를 뜨며 "아! 선생님 서운합니다. 팬한테 이러면 안 되죠"라고 말했다.

나는 생각했다. '이들은 팬이라고 해놓고 나에게 이토록 무례한 언행을 저지르는구나.' 그래서 나는 그런 태도를 갑질이라고 부르고 싶다.

한번은 유튜브 라이브를 하는데, 어느 분이 채팅창에 "편의점에서 평론가님을 가끔 보는데 무서워서 말을 못 걸었다"고 고백했다. 왜일까? 당당하면 무섭고 웃기면 만만한 걸까. 이게 미디어 역사상 최초로 코믹평론을 개척한 나의 숙명인가.

전당포에서도 받아주지 않을, 참을 수 없이 가벼운 왕관의 무게가 내겐 너무 무겁다. 보상은 적고 대가는 혹독한.

솔직할

각오

 솔직한 건 내 성격이 아니라 지향성이다. 즉 신념에서 나오는 행동인데, 그것은 위선에 대한 저항적 행동인 셈이다.

 속을 드러내는 것을 두려워하는 것이 비겁하다고 생각하기 때문에 그런 비겁한 사람들을 비난하자니 치사하고, 그래서 나는 스스로 솔직해지자고 결심한 것이다. 적어도 위선은 떨지 말자, 기만하지 말자, 스스로 이러쿵저러쿵 포장하지 말자, 이런 결심 말이다.

솔직히, '솔직하다'는 게 살아가는 데 큰 도움은 안 된다. 어떤 경우에 사람들은 솔직한 사람을 위협적이라고 느끼는 것 같다. 그래서 경계의 대상이 되고 구설수에 오를 일이 잦다. 그러나 내가 솔직하기로 한 데에는 그것조차 감수할 각오가 포함된다. 그러니 억울할 일도 아니다.

세상은 언제나 미스터리하고 부조리하다. 그래서 조심해야 한다. 하지만 누군가에게는 나도 세상이다. 나를 보호하기 위한 행동이 누군가에게 상처를 입히거나 폐를 끼친다면 그거야말로 기만이다. 어떤 사람들은 자신이 뭐라도 된 것처럼 굴기 위해 상대를 깎아내리고 상처를 준다. 이런 경우, 그들은 대부분 "솔직히 말해서"라는 단서를 단다. 그러나 솔직한 사람은 상대의 단점을 굳이 '솔직'이라는 전제하에 끄집어내지 않는다. '솔직'은 스스로에게 관련된 미덕이지 타인에 대한 것이 아니다. 오히려 자신의 부족한 부분을 인정하는 게 진짜 솔직함이다.

따라서 솔직한 건 매우 겸손하고 이타적인 태도다. 스스로를 포장하지 않는다는 것 자체가 그렇다. 정확히 말해,

세상은 솔직한 사람이 아니라 이타적인 사람을 미워하는 것 같다. (수양이 부족한) 사람들은 자신이 다다르지 못한 특성을 가진 자들을 미워하고 파괴하고 싶어 한다.

그런 것까지 품을 수 있다면 대단히 관조적인 솔직함이 탄생한다. 살아가는 데 있어 유용하진 않을지언정, 훌륭한 사람은 될 수 있다. 한 번 태어나 죽는 삶에서 훌륭해지지 않는다면 그것만큼 후회스러운 게 어디 있겠는가.

느낌력

오늘 〈매불쇼〉에서 나는 '느낌력'이라는 새로운 단어를 만들어 냈다. 흔히들 말하는 '감수성'이라는 단어를 좀더 쉽게 표현하고 싶었기 때문이다.

영화마다 개인차에 따라 반응이 제각각인 건 어쩔 수 없다. 그러나 개인의 취향을 절대시한 나머지 영화가 가진 미덕까지 과소평가되거나 놓치는 경우가 적지 않다. 평론가로선 그럴 때가 가장 안타깝다.

이때, 사실 그 누구도 지적하지 않는 문제, 관객의 느낌력의 차이를 논할 수밖에 없다. 말 그대로 느끼는 능력이다. 느낌력의 차이를 말할 때 곧잘 공격을 받는 이유는 간단하다. 구매자가 왕이기 때문이다. 즉 관객은 영화의 구매자이기 때문에 100명이 봤으면 100명의 감상이 다 다르고 그것은 '취향'이라는 등가성 신화(모든 취향은 동등하다!)에 의해 정당화된다. 누가 감히 관객의 영화 보는 능력에 차이가 있다고 주장하겠는가. 학창 시절의 학업 성취도는 차이가 있되, 골프의 핸디캡에도 차이가 있되, 영화 보는 능력에는 차이가 없다! 아니, 차이가 없어야 한다. 왜? 그는 돈을 지불했기 때문이다. 이것이 바로 소비 자본주의가 만들어 낸 "지갑을 연 당신은 언제나 정답"이라는 신화다.

그러나 이 기만적 신화는 철학이 지향하는 바, '인식론적 겸손'이라는 미덕과 상충한다. "내가 못 봤을 수도 있다"는 인식 말이다. 이 인식하에서만 사람은 보지 못했으나, 있는 것을 찾으려고 애쓰게 된다. 인간의 인식 지평은 바로 그 태도로부터 확대되고 깊어진다.

긍정으로 포장된

쪼르르 생각들 1

침묵

 긍정이란, 모든 부조리한 것을 부정하고 또 부정하고 회의하고 또 회의한 뒤에야, 필터링을 거쳐 쪼르르 흘러내리는 커피물처럼, 사물과 대상의 엑기스를 수용하게 되는 지점의 어떤 심상과 태도라고, 나는 믿는다.

 그렇지 않은 모든 긍정, 그러니까 섣부른 긍정은 "눈 가리고 아웅"이라는 말과 동의어다. 시효가 짧고, 무엇보다 철없는 사람이 되기 십상이다.

나는 긍정 장사꾼들을 믿지 않는다. 현실의 패악은 긍정으로 포장된 침묵의 거대한 미필적 동조가 연출하고 있지 않은가?

젠틀한 허세

쪼르르 생각들 2

허영과 허세는 다르다. 허영은 스스로 허파에 바람이 든 것이고, 허세는 허파의 바람(허영)을 타인에게 자랑하고 싶은 것이다. 그러니까 허세는 자신을 우러러 봐줄 사람이 필요하다.

한 인물의 일생을 다룬 영화 〈오펜하이머〉는 스펙터클한 작품이 아니다. 시청각적 볼거리보다는 인물의 심리를 섬세하게 좇는 게 관람 포인트다. 그러니 굳이 아이맥스로 볼 필요는 없다고, 나는 말했다. 내 말에 어떤 이는 아이맥스가 주는 우수한 시청각적 체험을 강조한다. 허영이다. 내 말의 뜻을 파악하지 못하고 본인이 하고 싶은 말만 해 버리는 것이다. 그것이 동문서답이라 할지라도.

허세는 허영을 장식 삼는 것이다. 허영도 담백하게 말하면 꽤 근사하게 들린다. 대충 어려운 단어를 섞어서 젠틀하게 말하면 통한다. 하지만 그것이 허영이라는 본질은 사라지지 않는다. 허영이 그렇게 통하니 이를 발판 삼아 허세는 현실 세계에서 실제로 작동한다. 반대로 진실을 거칠게 말하면 잘 안 통한다.

한편 허세는 인간의 미덕을 겸손하게 공부하는 자가 도저히 따를 수 없는 처세의 내공이다. 그러나 불가능할지라도 인품의 완성을 추구하는 자는, 허세를 일삼는 자가 결국에는 실패할 것이라는 걸 안다.

설익어서

쪼르르 생각들 3

맛없다

세상사 모든 것은 '인식의 프레임' 안에 있다. 예를 들어 이런 것이다. '먹고사니즘'이라는 프레임을 가진 이에게 내 직업을 소개하면 이런 질문이 먼저 나온다.

"어떻게 먹고 사십니까?"

그는 세상에 다른 프레임을 가지고 사는 이들이 있다는 사실을 모른다. 정확히 말해 알려고 하지 않는다. 모든 것을 우와 열, 경쟁의 프레임으로 보는 이들은 비교급을 습관처럼 달고 다닌다. 누가 누구보다 낫고 내가 저 사람보다 현명하다, 라는 식의 비교를 하지 않으면 좀이 쑤신다.

많은 사람이 흔히 갖고 있는 프레임은 '성장'이다. 올해는 내년보다 성장했으면 좋겠다, 내면의 성장을 이룬다, 성장 동력을 확보하자 등등. 개인의 인격부터 나라 경제까지 성장의 프레임 안에 있다.

사람이든 동식물이든 성장할 만큼 했으면 그만 멈추는 게 자연법칙이다. 그럼에도 사람들은 왜 인간계의 모든 것이 늘 성장해야 한다고 생각하는 걸까. 강박이 있기 때문이다. 성장은 자본주의 신화이자 집단 강박이다. 그래서 일상어처럼 쓰인다.

성장 대신 '성숙', 즉 '익는다'는 프레임을 갖고 살아가는 건 어떨까?

이 프레임으로 세상을 보면 성숙하지 못한 것들이 눈에 띈다. 앞서 말한 두 개의 프레임인 '먹고사니즘'과 '경쟁'은 설익은 프레임이다. 설익었으니 맛이 더럽다. 하다 못해 밥도 뜸을 들여야 하는데.

그렇다면 익는다는 것은 무엇일까. 성장이 양적 변화라면 성숙은 질적 변화다. 성장이 초등교육이라면 성숙은 고등교육이다. 성장이 콩이라면 성숙은 메주이자 간장이다. 따라서 성숙에는 절대적인 시간이 필요하다.

노년의

두 모습

"거기 차 대는 데 아니에요. 차 대지 마세요!"

3층 창문에서 거리를 향해 소리치는 할머니의 목소리가 우렁차다. 젊은 운전자는 "아, 네에" 하고는 움직일 줄 모른다. 할머니는 계속 소리친다. 사실 사유지가 아닌 공용도로라 할머니의 함성은 몽니에 가깝다. 그저 내 집 앞에 차 대지 말라는 얘기다.

결국 분을 참지 못한 할머니는 3층에서 냉큼 도로로 뛰어 내려왔다. 그 사이 차는 사라졌다.

그 순간, 그의 앞으로 리어카에 폐지를 가득 실은 할머니가 힘겹게 지나간다. 건물주 할머니와 폐지 줍는 할머니의 교차는 이 시대 노인의 양면적 초상을 상징적으로 보여주었다. 집 앞의 풍경마저 소유물로 생각하는 건물주 노인, 하루 일당 5천 원 벌이를 위해 잔뜩 굽은 허리를 이끌고 나온 노인.

누군가는 야경꾼 행세를 하며 엉뚱한 데 분풀이를 하는 분노의 전령사를 자처하고, 누군가는 아무 말 없이 그저 땅만 살피며 삶을 견딘다.
전쟁과 개발독재, 무늬만 좌파정권을 통과하며 남한 사회의 기회 불평등은 완전히 고착되었고, 그 박제된 흔적을, 삶의 가치란 게 아무 의미 없어진 풍경을 우리는 보고 있다. 그리고 세상은 아버지 어머니 세대의 궤적을 반복하라고 강요한다. 늙어서 폐지 줍지 않으려면 완고하고 인정머리 없으며 타인을 짓밟는 데 익숙해지라고 말이다.

언제 한번

밥 먹자

내 친구이자 사진작가인 빠박은 언젠가 내 지인들과 함께 저녁을 먹으며 이렇게 말했다.

"저랑 광희 형은 쉽게 '밥 먹자, 술 먹자'는 소리 잘 안 해요. 그 얘기 하면 진짜 만나야 하거든요."

밥을 먹거나 술을 먹자는 약속에 "언제 한번"이나 "조만간"이라는 단어가 붙어 나올 때가 있다. 대부분의 사람은 그런 얘기를 들으면 인사치레라고 생각하고 "네, 그러시죠" 하고 말지만, 나는 바로 "언제 볼까요?" 하고 일정을 잡아버린다. 물론 나도 별로 만나고 싶지 않은 사람에게는 아예 밥을 먹자는 소리도 안하고 상대가 그러자고 해도 대충 얼버무린다. 빠박도 나와 같은 과다. 내키는 이와 약속을 잡고 반드시 지키는 타입.

약속을 당일에 취소하는 이들을 자주 봐왔다. 내 이탈리아 친구 루카도 한국어를 잘 모르지만 '빈말'이라는 단어는 알고 있었다. 그는 한국에서 지내는 동안 좋은 게 좋은 거라는 식으로 말하고 책임지지 않는 사람을 많이 봤다고 했다.

빈말을 한다는 건, 대개 자신의 안전을 보장하기 위한 수사법을 쓰는 것이라고 생각한다. 상대에 대한 적당한 관심을 드러내며 당장의 수고는 면하겠다는 꼼수. 너무 쉽게, 툭하면 빈말을 해버리는 것은 자신과 똑같은 감정 체계를 지닌 상대에 대한 결례다. 그러니 만나고 싶은 마음이 우러나오지 않는 이에게 "언제 한번 밥 먹읍시다"라고 얘기하면 안 되는 것이다. 어쩌면 그 빈말로 인해 상대는 세상이 참 엿같이 느껴질 수도 있으니까.

예전에 다큐멘터리 작업을 한 적이 있다. 당시 함께 했던 이들 중 수시로 내게 찬사를 보냈던 두 사람에게 전화 좀 해달라고 문자를 보냈다. 영상 편집에 대한 도움을 요청할 일이 생겼기 때문이다. 그런데 두 사람 모두 내 메시지를 읽고도 연락이 없었다. 3년간 계속되었던 그들의 찬사는 내가 그들에게 콩고물을 안겨줄 동안의 빈말이었다는 걸 깨달았다. 나는 그런 사람들이 참 무섭다.

갑의 언어

인생이라는 무대에 돈이 주연이 되면 이런 일이 생긴다.

오래 알고 지낸 영화인이 시나리오 작업에 대한 조언을 구하기에 만났다. 자신이 연출할 작품의 시나리오를 같이 쓰자고 제안하기에, 나는 계약을 하자고 했다. 계약 이후 그와는 매주 만나 이야기를 설계했다.

그런데 어느 순간부터 그는 갑의 언어를 쓰기 시작했다.

"2주나 시간을 드렸는데 진전된 게 하나도 없잖아요!"

마치 마감을 재촉하는 공사장 관리자 같았다. 그는 돈을 지불했으니 갑이 되는 게 당연하고, 나는 돈을 받았으니 갑의 언어를 감수하는 게 맞을까? 나는 지금껏 그와 창작 동지라고 생각했는데 돈이 매개가 되니 관계의 성격이 질적으로 바뀌었다. 우리가 쓰는 시나리오의 주인공은 돈독이 오른 사람인데, 그는 자신을 투영한 주인공이 왜 착하지 않냐고 따졌다. 나는 답했다.

"돈독 오른 사람에 대해 전혀 모르시는군요."

그에게 갑의 언어를 들은 날, 나는 계약을 파기하고 계약금을 환불했다. 당연히 그와의 관계도 파탄 났다. 돈이 지배하는 관계를 이어나가고 싶지 않았다. 하물며 창작을 해야 하는 일이었다.

경제적으로 전혀 부족함이 없었던 그의 삶 속에서 역설적으로 돈이 얼마나 중요한 역할을 해왔는지 가늠할 수 있었다. 그래서 그는 갑이 된 순간, 인간에 대한 예의를 그토록 쉽게 까먹는 것이다. 나는 그렇게 성찰 없는 이들이 창작을 하지 않기를 바란다.

미스터 황과 그의 작은 고릴라

어떤 사람들은 지배와 복종의 규칙 안에서 편안함을 느끼는 것 같다. 혹은 집단 내에서 반드시 우열 관계를 설정하지 않으면 견딜 수 없는 이들도 있어 보인다. 나는 제주 여행에서 체험한 약간 기이한 상황을 통해 그걸 씁쓸하게 환기했다.

2020년 여름, 미스터 황은 내가 주최한 강연의 뒤풀이에 와서 말했다. "제가 제주도에 집이 있습니다. 언제든지 놀러 오세요." 시간이 조금 흐른 뒤, 나는 유럽 여행에서 돌아와 2주간의 자가격리를 끝내고 황량한 서울 거리를 떠나고 싶어서 그에게 연락했다. 약속을 기억해 낸 그는 흔쾌했다. 그러나 며칠 뒤 그에게서 연락이 왔다. 약간 겸연쩍은 말투로 그는 말했다.

"집에 여자친구가 와 있는데요. 최 선생이 오시더라도 물론 별채에 계시겠지만, 여자친구가 외부 손님 오는 걸 민감해합니다. 코로나 때문에요. 며칠 뒤에 여자친구가 떠나니 그때 오시는 건 어떠신지요."

나는 거처를 제공받는 입장이었으니 별도리가 없었다. 그러겠다고 답하고 여행 일정을 좀 늦춰야 하나 고민했다. 그때 동구 씨한테 연락이 왔다. 동구 씨는 내 강연에 미스터 황을 데려와 소개시켜 준 인물이다. 그는 말했다.

"제가 마침 선생님과 같은 날 제주도에 갑니다. 황 선생님 댁에 들어가시기 전 일단 제가 예약한 숙소에서 머무시죠."

나는 구세주를 만난 기분이었다. 동구 씨에게 감사 표시를 하고 제주 여행을 함께 계획한 이탈리아 친구 루카와 함께 비행기를 탔다. 동구 씨는 1박에 5만 원 하는 펜션을 예약했고, 나와 루카는 숙박비 걱정 없이 편안하게 있을 수 있어 그에게 거듭 고마워했다. 게다가 그가 서울에서 차까지 가져와 우리는 렌터카를 빌릴 필요도 없이 그와 함께 제주도 이곳저곳을 여행할 수 있었다.

하지만 동구 씨는 뭔가 특이했다. 집에서 쓰는 가재도구와 커피 머신은 물론 침대용 미니 탁자, 심지어 진공청소기까지 트렁크에 실어 가져왔다. 그는 아마 제주도에서 한 달 이상 머물 작정인가보다, 싶었다. 아예 이사 온 사람 같은 짐이었다.

제주에 온 지 사흘째 되던 날 아침, 마침내 그의 이상함이 또렷이 드러났다. 동구 씨는 갑자기 정색하고 루카 앞에 앉았다. 그러고는 영어로 더듬거리며 장황하게 말하기 시작했다.

"당신에게 할 얘기가 있습니다. 고릴라 게임이라는 걸 아시나요?"

루카는 어리둥절한 표정으로 답했다.

"고릴라 게임? 그게 뭐죠?"

"그건 작은 고릴라를 코너에 몰고 집단 린치를 가하는 것입니다. 어제 당신은 나를 코너에 몰았습니다. 그래서 전 한숨도 못 잤습니다."

루카는 계속 어리둥절한 표정을 지었고, 그는 이어서 말했다.

"우리는 같이 여행을 왔고 이 세 명은 친구로서 동등해야 합니다."

나는 이 느닷없는 논쟁에 끼어들어 정황을 파악하려 애썼다. 요컨대 동구 씨의 잠을 방해한 루카의 언행이 무엇이었던가?

루카는 전날 밤 맥주를 마시다 내게 농담조의 말을 건넸다.

"너와 내가 둘이 제주도에 온 여행객들에게 뭔가 특별한 체험을 줄 수 있으면 좋겠다."

동구 씨는 그 말이 상처가 되었나 보다. 그런데 그가 '우리 셋'이 아닌 '너와 내가 둘이'라는 말 때문에 소외감을 느끼고, 마치 코너에 몰린 작은 고릴라처럼 한숨도 못자는 성격이었나?

사실 나는 강연 때 몇 차례 그를 본 것 말고는 그에 대해 잘 알지 못했다. 이번에 숙소를 제공하겠다고 먼저 연락을 해와 제주 여행을 함께 하기로 했던 것이다.

어쨌든 나는 이 상황을 전혀 이해하지 못하는 루카와 뭔가 잔뜩 삐친 듯한 동구 씨를 동시에 진정시키려고 했고 두 사람은 간신히 화해했다.

나는 미스터 황의 연락을 기다렸다. '여자친구가 돌아간다는 며칠 뒤에는 그의 집으로 들어갈 수 있겠지?'라는 기대를 하면서. 하지만 미스터 황은 이따금씩 동구 씨에게만 전화를 할 뿐 내게 연락하지 않았다. 참다 못해 나는 그의 집에 들어가기로 예정된 날을 이틀 앞두고 문자를 보냈다.

"황 선생님, 저희가 이틀 뒤 선생님 댁에 들어갈 수 있는지 알려주시면 감사하겠습니다. 저희도 그걸 알아야 다음 일정을 짤 수 있거든요."

미스터 황은 그날 점심 때 알려주겠다는 짧은 답을 보내온 뒤 다음날까지 연락이 없었다. 나는 약간 답답해져 동구 씨에게 말했다.

"황 선생님이 연락이 없네요."

운전석에 앉은 동구 씨는 갑자기 정색하며 내게 말했다.

"황 선생님이 사과할 필요는 없지 않아요?"

나는 의아해서 반문했다.

"사과요? 무슨 사과요? 나는 황 선생님이 사과를 해야 한다고 말한 적이 없는데요?"

동구 씨는 뒷말을 흐렸다. 그 다음부터 그는 이해할 수 없는 태도를 보였다. 그날 우리는 마트에서 돼지고기를 사서 숙소에서 구워 먹기로 했지만 동구 씨는 "바람이 많이 부니 고기 먹는 건 취소해야겠습니다"라고 일방적으로 말했고, 내 의견을 사사건건 묵살했다. 숙소로 돌아오는 길에는 우리가 미리 협의한 일정에 없던 방주교회에 데려갔다. 내가 "여기가 어떤 역사적 의미가 있는 곳이죠?"라고 묻자, 그는 "그냥 제가 예전 제주에 왔을 때 여기 들렀어요"라는 말만 하고 나와 루카를 방목했다. 이후 그의 말수는 극도로 줄어 들었다. 원래 한번 입을 열면 상대가 듣고 있는지를 전혀 의식하지 않은 채 끊임 없이 말을 이어가는 스타일이었으므로 그의 갑작스러운 침묵은 참으로 괴이한 변화였다. 도대체 그의 심경에 무슨 변화가 생긴 것일까? 나와 루카는 거기에 대해 토론했지만 도무지 이유를 알 수 없었다. 루카는 내게 말했다.

"그가 뭔가에 단단히 삐친 것 같아."

다음날 이른 아침, 동구 씨는 전화 한 통을 받고 급히 숙소를 빠져나가려고 했다. 잠에서 깬 나는 그에게 물었다. "이 새벽에 어딜 가시나요?" 동구 씨는 "황 선생님이 보자고 해서 나갑니다"라고 말하고 사라졌다. 나와 루카는 동구 씨가 모는 차량이 없어 버스를 타고 협재해수욕장에 다녀왔다.

동구 씨는 저녁 여덟 시가 넘어서 돌아왔다. 전날 그가 다음날 체크아웃을 하고 배편으로 서울로 돌아가겠다고 말했기에 나는 배가 몇 시에 출발하는지 물었는데, 그의 대답은 냉랭했다. "그건 제가 알아서 합니다." 그리고는 처음 제주에 도착했을 때 꺼냈던 온갖 가재도구를 챙겨 차에 실었다.

다음날 일어났을 때 그는 떠나고 없었다. 침대 위에 손으로 쓴 쪽지가 남아 있었다. "우리의 여행은 여기서 끝내기로 합니다."

그 쪽지를 보고 약간 허탈해 하는 순간 미스터 황으로부터 메시지가 왔다.

"답이 늦어 미안합니다. 짝꿍이 코로나 걱정이 많아 거처를 드릴 수 없습니다."

이후 나는 동구 씨의 페이스북을 통해 미스터 황의 여자친구가 귤 따기를 하다 다치는 바람에 그가 대체 인력으로 투입되었다는 사실을 알게 되었다. 그는 서울로 돌아가지 않고 미스터 황과 함께 귤 따기를 시작했던 것이었고, 그의 글로 짐작건대 향후 일주일간 미스터 황의 집에 머물게 될 터였다.

이 상황을 두고 나와 루카는 산방산 근처의 해변마을을 걸으며 퍼즐 맞추기에 골몰했다. 도대체 어떻게 된 상황이지? 짐작하는 건 어렵지 않았다.

맨 처음 미스터 황은 내게 집을 내주겠다고 호기롭게 말했지만 여자친구의 몽니 때문에 어쩔 도리가 없어졌고, 나와 루카를 동구 씨에게 맡겼던 것이다. 동구 씨는 마땅한 직업도 없이 부모에게 얹혀사는 처지에 사비를 털어 숙박비를 지불했다. 미스터 황을 위해 이 정도 일을 할 정도라면 동구 씨는 미스터 황에게 수족 같은 존재가 아닐까. 나아가 동구 씨는 미스터 황을 주인처럼 모신다. 두 사람의 관계는 말하자면 주인과 종의 관계다. 이런 마당에 동구 씨는 돈을 지불하는 자신이 주인 대접을 받아야 한다고 생각한다. 나와 루카가 그의 충실한 종이 되어야 했던 것이다. 그러나 루카가 그를 배제하는 듯한 말을 했고 그는 심하게 마음을 다친다. 이런 와중에 그는 미스터 황의 호출을 받고 그의 여자친구를 대신해 귤을 따러 떠난 것이다.

그렇다면 미스터 황은 왜 루카와 나에게 이다지도 박했던 것일까? 단순히 여자친구의 몽니 때문이라면, 코로나 때문에 외부인의 출입을 꺼리는 게 맞다면, 왜 동구 씨는 그의 거처에 머물게 되었을까? 그는 외부인이 아닌가?

내 추리는 이렇다. 미스터 황은 그의 충직한 종 앞에서 나와 동등한 관계 안에 있게 되는 것이 불편했을 것이다. 그는 자신이 어떤 관계에서도 우월한 위치에 있어야 하는 수컷이므로, 그의 생각에 말만 번지르르한 서울 출신 영화평론가와 말도 통하지 않는 외국인과 한 공간에서 지내게 될 상황이 불편하고 두려웠을 것이다. 그러므로 강연에 왔을 때 흔쾌히 거처를 내주겠다는 호기로운 빈말을 내가 애써 기억하고 연락을 하니 그는 이 당혹스러운 상황을 어떻게 해결할까 고민했을 것이며, 일단 그의 충직한 종 동구 씨를 동원해 임시방편 삼기로 마음먹은 것이다.

나는 루카와 함께 길을 걸으며 이런 얘기를 나눴다.
"이건 정말 재미있는 스토리야. 안 그래?"
"맞아. 인간의 바보 같은 본성을 본 것 같아."
"그래. 이 이야기의 제목을 '미스터 황과 그의 작은 고릴라'로 짓기로 하자."

새한테 한 욕

 우리 가게 앞 테라스에 앉아 한가롭게 담배를 피울 때였다. 난데없이 쾅 하는 소리가 났다. 건너편 횟집에서 나오던 차량이 우리 주차장 앞에 세워둔 입간판을 그대로 부숴버렸다. 두 쪽 난 입간판의 한쪽은 얄궂게도 차량 앞면의 틈새를 이용해 보닛 속에 박혀버렸다. 당혹스러운 표정을 지은 오십 대 운전자는 그걸 끙끙대며 빼내려고 했고, 나는 그 모습을 안쓰럽게 바라보다가 공구를 가져다주었다. 혼자 힘으로 빼기 어려울 것 같아 우리 가게의 바텐더까지

나서서 힘을 보탰으나 단단히 박힌 입간판 조각은 빠질 기미가 안 보였다. 결국 뾰족하게 튀어나온 부분을 전기톱으로 잘라냈다.

상황이 대충 마무리될 무렵, 나는 그에게 상당히 불편한 진실을 말해야 했다.

"경황이 없으신 줄 알지만, 저희 입간판을 파손하셨으니 손해배상을 해주셔야겠습니다. 입간판 제작비는 9만 원입니다."

그는 흘러내린 땀을 손으로 닦으며 씩씩대며 말했다.

"거참, 입간판을 거기다 갖다 놓으면 어떡합니까?"

나는 최대한 정중한 어투로 사실 관계를 말했다.

"입간판은 저희 주차장에 있었고, 여기 있는 모든 사람이 목격한 대로 선생님이 저희 주차장으로 진입하다가 입간판을 미처 못 보고 파손하신 겁니다."

그는 만 원짜리 아홉 장을 지갑에서 꺼내 내밀었다. 나는 돈을 받아 들고 가게로 돌아왔다.

한참 자리를 뜨지 않고 차량 주변을 오락가락하는 그가

쿨하게 현장을 떠날 거란 기대는 별로 하지 않았다. 그는 반드시 돌아와 시비를 걸 것이다. 아니나 다를까. 그는 가게로 돌아와 돈을 돌려달라고 요구했다. 보험회사에 연락했다는 것이다. 나는 다시 차분한 어투로 그에게 말했다.

"보험회사에 연락하신 건 선생님과 보험사와의 관계이고 저희는 상관이 없습니다. 저희는 재산상의 손해를 입었고 선생님은 방금 저희에게 보상금을 주셨습니다. 그런데 한번 준 보상금을 돌려달라고 하시는 건 받아들일 수 없습니다."

곧 보험회사 직원이 도착했고, 그는 이미 운전자에게 들은 이야기를 되풀이해 말했다.

"저희가 판정해서 내일이라도 보상금이 지급되도록 하겠습니다."

나는 말했다.

"제겐 저와 상관 없는 저 분 보험사의 말을 따를 의무가 없습니다. 그래서 이미 받은 돈은 돌려드릴 수 없습니다."

운전자는 씩씩대며 따졌다.

"아니, 보험회사를 못 믿으면 누굴 믿으라는 말입니까?"

나는 대꾸했다.

"선생님이 보험회사를 믿는다고 계약상의 당사자가 아닌 저까지 따르라는 법은 없는 겁니다. 그러니 이 삼자의 합의는 불가능합니다."

운전자는 분이 덜 풀려 이번에는 경찰서에 전화했다. 곧 경찰이 왔고 운전자의 설명을 듣더니 정식 접수를 하라는 말을 남기고 떠났다. 그는 이미 부서진 입간판을 길가에 내놓고 사진을 찍고 가게에 무단으로 들어와 영업신고증도 찍었다. 도무지 자기 잘못은 인정하고 싶지 않고, 계속 합리화하며 분노 게이지를 상승시키는 그가 딱해서 말했다.

"잘못하신 건 쿨하게 책임을 지십시오. 그게 어른 아닙니까?"
이윽고 그의 입에서 험한 말이 튀어나왔다. 역시 내가 예상한 수순대로였다.
"이런 씨발, 빨갱이 새끼들이 항상 말이 많지."
"거기서 빨갱이라는 말이 왜 나옵니까. 모욕하지 마십시오."
"빨갱이 새끼들한테 욕한 거야. 당신 말고."

그 순간, 나는 폐에 힘을 주어 있는 힘껏 외쳤다.

"이런 씨.발.새.끼.야!"

그러자 그가 놀란 표정으로 말했다.

"왜 욕은 하고 그러세요?"

비로소 기가 눌린 기색이었다. 나도 그에게 말했다.

"지나가는 새한테 한 욕입니다. 선생님 말고요,"

단테의 《신곡》〈지옥〉편에 나오는 삽화를 본 것 같은 기분이 들었다. 그의 얼굴은 지옥에 떨어진 인간의 표정을 고스란히 닮았는데, 참 익숙한 표정이기도 했다. 나는 이러한 상황이 어떤 시나리오로 흘러갈지 뻔히 알고 있었고, 매뉴얼대로 대처했다. 그는 내 매뉴얼에 허둥지둥하다가 떠났다.

너는

누구니?

"너는 누구니?"

질문을 받은 아이는 당황해서 눈이 동그래진다.
"저요, 저는…"
망설이며 말을 잇지 못하는 아이에게 말했다.
"선생님이 듣고 싶은 대답은 이거다. 저는 이 세상에서 단 하나뿐인 존재입니다!"
그러고는 나는 아이에게 다시 묻는다.

"너는 누구니?"
"저는 이 세상에서 단 하나뿐인 존재입니다."

'누구'냐는 질문에 대한 답은 사람마다 다를 것이다. 이름, 나이, 성별 등의 기본사항들이 먼저 나오고, 나이가 들어가며 자신의 학교나 직업을 말하게 되고, 때로 해외여행을 가면 국적까지 답하게 된다. 그야말로 인간은 끊임 없이 '누구'냐는 질문에 답하며 산다.

'누구'는 사회가 묻는 질문이며 질문을 받는 자는 자신의 정체성 일부를 밝히는 게 관례다. 그런데 누구에 대한 답이 정말 나일까. 그 답은 그저 나를 둘러싼 환경이 강제한 울타리 아닌가? 이를테면 나는 한국인이고 싶어서 한국인인가? 국적 체계라는 약속 안에서 강제되고 내가 어쩔 수 없이 수용한 정체성 아닌가?

몇 해 전 일본에서 대단히 센세이션을 일으켰던 영화가 있다. 〈한 남자〉라는 작품이다.

이 영화의 주인공 키도(츠마부키 사토시)는 변호사이자 귀화한 재일 한국인이다. 그는 어딜 가나 출신에 대한 차

별적 언사를 듣는다. 그런 그가 어느 날 한 남자의 죽음에 얽힌 미스터리를 쫓게 된다. 남자가 불의의 사고로 숨져 장례를 치렀는데, 생전에 쓰던 이름이 그의 것이 아니었음이 밝혀진다. 아이들에게 더없이 자상한 아빠이자 성실한 남편이었던 그 사람, 그러나 가짜 이름을 썼던 그 사람. 도대체 그는 누구인가? 키도는 그 남자의 정체를 찾아 나선다. 그리고 자신의 처지와 묘하게 닮은 그 남자에게 감정이입한다.

일본 사회에서 이름이란 개인의 정체성과 관련이 깊다. '어느 집안'이란 게 따라붙기 때문에 한번 낙인찍히면 헤어나기 어렵다. 대단히 폭력적이다. 키도도 이미 귀화한 자이니치 3세이지만 감옥에 갇힌 사기꾼조차 그를 "조센징"이라고 부른다. 그가 그이고 싶은 그의 정체성을 사회는 인정하지 않는다. 혐오 발언 hate speech을 일삼는 우익들에게 키도는 "일본인의 세금을 좀먹는 기생충"일 뿐이다.

인간은 사회가 나를 규정하는 상황 앞에서 참으로 무기력해진다. 사회가 합리적이라면 몰라도 대개 혹독하기 때문에 많은 사람이 그런 잔인한 법칙에 자신을 꾸역꾸역 맞추며 산다. 그러다 사회의 눈밖에 나면 모욕당하고 상처받기 일쑤다.

인간은 사회의 모든 억압과 편견으로부터 완전히 자유롭게, 스스로 나를 규정할 권리가 있다. 아직 아무것도 그려지지 않은 백지장 같은 어린 중학생들에게는 딱 한마디 진리면 족하다.

"나는 이 세상에서 단 하나뿐인 존재입니다."

그 불변의 이치를 잊지 않고 자라기를 바라는 마음에 나는 수업 시간마다 아이들에게 묻는다.

"너는 누구니?"

다양하니까

예배

 집 앞 정육점 식당에 육회비빔밥을 먹으러 갔다. 비교적 육회를 많이 넣어주는 집이라 내 단골 저녁 식당이 되었다. 밥을 먹는데 음악이 흐른다. 뉴진스의 〈Super Shy〉가 끊임없이 반복 재생된다. 아마도 주인이 반복 재생 설정을 해둔 것 같다. 다른 노래를 틀어달라고 하기도 뻘쭘하다.

 꾸역꾸역 같은 노래를 한 일곱 번째 들으며 오늘 강의한 도덕 수업을 떠올렸다. 매번 틀어주는 수업 시작 노래로 오늘은 2015년 미국 〈슈퍼볼 하프타임 쇼〉를 보여주었다. 콜드플레이, 비욘세, 브루노 마스가 합동 무대를 펼친 영상이었다. 아이들은 입이 딱 벌어져 그 스펙터클한 쇼를 즐겼다.

영상이 끝난 뒤 나는 뮤지션들의 인종적 다양성에 대해 언급했다. "아마도 이 쇼는 미국이 다인종 국가로서 다양한 재능을 흡수하는 나라임을 과시하고 싶었기 때문인 것 같다"고 말이다. 그러면서 아이들에게 물었다.

"이 반에는 몇 개의 인종이 있을까?"

아이들은 별 이상한 질문을 다한다는 표정으로 선뜻 대답하지 못했다.

"스물네 명이니까 스물네 개의 인종이지. 너희들 모두 서로 다른 인종이야. DNA도 성격도 취향도 눈빛도 키도 모든 게 달라. 이렇게 서로 다르니까 너희들이 아름다운 거야. 다양하니까 예쁜 거야."

그렇게 수업을 마치고 집으로 돌아가는 길에 지나친 휴대폰 가게에서는 뉴진스의 노래가 똑같이 흘러나왔고, 식당에서도 마찬가지였다. 이 현상을 어떻게 설명해야 할까. 콘텐츠는 다양해졌는데 소비하는 방식은 1990년대 강남역과 같다. 히트한 곡이 무한 반복되던 길보드차트 말이다.

생각해 보니 그런 게 한두 개가 아니다. 식당들이 밀집한 골목길로 접어들면 백종원의 얼굴을 서너 번은 보게 된다. 지하철 승강장에는 마동석의 얼굴이 웃고 있다. 오은영은 모든 아이의 엄마가 된 표정으로 광고에 나온다. 우스갯소리로 1등만 기억하는 세상, 최고는 하나만 있으면 그만이라는 공기는 더욱 심화되는 듯하다. 그러니 학생들에게 "다른 건 틀린 게 아니다"라는 말을 크게 외치게 하며 다양성의 미덕을 논하는 내가 도리어 시대에 뒤떨어진 느낌이 든다.

도덕 수업을 시작할 때마다 음악을 틀어주는 건 이유가 있다. 굳이 "조용히 해라"라고 말하지 않아도 음악이 들리면 아이들이 조용해진다. 그리고 또 다른 이유는 아이들의 감수성을 키우기 위해서다. 느끼는 힘, 느껴서 받아들이는 힘. 그것이 있어야 타인을 이해하고, 나와 다름을 관용하고 배려하는 마음이 생긴다. 감수성이야말로 모든 도덕적 사고의 기초다. 그리고 그것은 마음의 근육이기 때문에 문화예술을 통한 훈련으로만 키울 수 있다.

지난주에는 다프트 펑크Daft Punk(프랑스의 전자 음악 듀오)의 전자 음악을 틀어주었다. 다프트 펑크의 음악을 아카펠라로 부른 펜타토닉스Pentatonix(미국의 아카펠라 그룹)의 노래도 들려주었다. 그러면서 디지털과 아날로그가 상호작용을 하고, 다섯 멤버가 가진 서로 다른 음역의 개성이 한데 모였을 때 얼마나 아름다울 수 있는지를 알려주었다.

사람은 각자 달라서 아름답다. 이 아이들이 커서 제발 다르다고 화내지 않기를.

미워하기

때문에

 내가 가르치는 학생들에게 몇 해 전 한 편의점에서 일어난 폭행 사건에 대해 들려주었다. "짧은 머리의 여성이 페미니스트라 패겠다"고 한 사건이었다. 나는 아이들에게 물었다.

 "왜 자신의 생각과 다른 것을 틀리다고 생각하는 걸 넘어 공격까지 하는 걸까?"

 "미워하기 때문이에요."

 '혐오'라는 개념을 알려주기 위해 꺼낸 말이었는데 다행히 답을 알고 있는 아이가 있었다. 나는 질문을 이어갔다.

"왜 다른 걸 미워할까?"

아이들은 이 질문에는 답하지 못했다. 그래서 나는 말해주었다.

"다른 것이 자신에게 위협이 될 거라는 두려움을 가졌기 때문이 아닐까?"

그러자 일부 아이들이 고개를 끄덕였다. 나는 다시 질문을 이어갔다.

"사람은 그런 마음을 갖고 태어나는 걸까? 아니면 나중에 배우는 걸까?"

갑자기 성악설과 성선설에 대한 이야기가 되어버렸다. 아이들은 심각한 표정을 지었다. 중학교 1학년에겐 너무 버거운 주제였을까.

어떤 진리는 매우 불편하다. 그래서 인간의 악덕을 미리 알고 조심하려면 도덕이라는 과목이 필요하다. 사실 나는 아이들에게 영화 〈이지라이더〉(1969)의 한 대목을 들려주고 싶었다.

오토바이를 타고 미 대륙을 횡단하는 세 명의 젊은이는

한 보수적인 마을에 들렸다가 사람들의 따가운 시선을 받는다. 가죽 바지, 오토바이, 장발, 행색만으로도 사람들은 그들에게 노골적인 적의를 드러냈다. 이런 분위기를 감지한 세 사람은 어리둥절해하며 토론을 한다. 한 사람이 그 이유를 "억압 받는 사람은 자유로운 사람을 겁내기 때문"이라고 분석한다. 겁나기 때문에 공격성을 드러내는 것이라는 논리에 나머지 두 사람은 고개를 끄덕인다.

타인과 내가 다르다는 인식에서 그치는 게 아니라 나와 다른 타인이 자유로움을 추구할 때, 배제하고 제거해야 하는 폭력의 대상이 되기 십상이다. 이것은 인간의 오랜 악덕이다. 그래서 인간성에 대한 성찰이 필요한 것이다. 불편한 진실에 대한 성찰을 통해 삶을 합리적으로 개선하는 미덕 역시 인간의 습성이다. 따라서 도덕은 아이들에게 성찰하는 법을 가르치는 과목이라고 할 수 있다.

좀비를 보았다

 이제 막 수능을 끝낸 고3 학생들을 대상으로 특강을 했을 때의 일이다. 나는 거기서 내가 경험한 것 가운데 몇 안 되는 충격적인 상황을 대면했다.

 모든 것이 귀찮다는 표정의 의욕 없는 눈동자, 강사야 떠들든 말든 대놓고 자는 학생. 그런 학생들에게 질문을 던진들 대답이 돌아올 리 만무했다. 딱 한 명의 학생만이 대답을 해주어 겨우 민망함을 모면했다.

 강의를 하며 나는 그들이 수능시험을 막 끝낸 상태임을

간과한 나 자신을 책망했다. '영화를 어떻게 하면 재미있게 볼 수 있을까'라는 강의 주제는 그들에게 아무 의미가 없다는 것도 깨달았다. 아이돌 그룹 에스파의 깜짝 공연이라면 모를까. 거기서 그 어떤 솔깃한 강의를 한들, 그들의 무기력을 깨우진 못했을 것이다.

중간 휴식이 끝난 뒤, 나는 작전을 바꿨다. 약간의 충격 요법을 쓰기로 했다.

"내 눈에 지금 여러분들은 좀비로 보입니다. 살아 있는 사람처럼 보이지 않습니다. 왜 갑자기 좀비가 된 겁니까?"

그러자 한 학생이 말했다.

"맥이 풀려서 그래요."

나는 학생들에게 씨알도 안 먹힐 질문을 또 던졌다.

"여러분은 왜 학교에 와요? 그동안 시험 보려고 살았던 겁니까? 그래서 시험이 끝나자 세상이 끝났고 좀비가 된 겁니까?"

사실 이런 말은 그들의 심기를 건드려 잠 좀 깨라고 일부러 한 말이었다. 그럼에도 그들의 심드렁은 계속되었고, '너는 짖어라, 나는 잔다'는 태도는 바뀌지 않았다.

돌이켜 보니 나 역시 대학 입시가 끝났을 때 그 학생들의 모습이었던 것 같다. 도대체 입시가 끝났는데 왜 학교에 나오라고 하는지 이해할 수 없었다. 그러니 요즘 학생들의 모습도 자연스러운 것인지 모른다.

그럼에도 내가 충격을 받은 것은 그러한 살풍경 자체가 아니었다. 그런 모습이 36년 전 내가 고3이었을 때 겪은 상황과 어쩌면 그렇게 판박이인지, 그 점에 충격을 받아서 나는 분노가 차올랐다. 그 사이 학생인권조례가 생기고, 체벌이 사라지고, 학급당 학생 수도 절반 넘게 줄었지만 시험이 끝난 아이들의 동태 눈은 36년의 시간을 훌쩍 뛰어넘어도 하나도 변하지 않았다는 사실, 그것을 체감한 것이다.

나를 강사로 초대한 교사는 그곳이 농어촌 지역이라 일찌감치 학생들의 진학 서열이 정해져 있고, 의욕이 없는 학생들이 많다고 알려주었다. 그러고 보면 상황은 36년 전에 비해 훨씬 더 악화됐다. 적어도 내 학창 시절엔 사교육의 폐해가 이토록 크지 않아서, 집이 가난한 아이들 가운데서도 공부 잘하는 학생이 많았다.

나는 서울의 중학교에서 도덕을 가르치고 있다. 내가 가르치는 중학교 1학년 학생들이 워낙 밝고 유쾌해서 180도 다른 고3 학생들의 표정이 준 충격이 더 크게 다가왔던 것 같다. 종합해 본다면 중등교육의 첫해를 저렇게 해맑게 시작하는 아이들이 불과 6년 뒤, 그러니까 중등교육을 마무리하는 시점에는 좀비로 변한다는 얘기다.

나는 이 이야기를 1학년 아이들에게 해주었다.

"너희들은 절대 그렇게 되지 않았으면 좋겠다. 나는 너희들이 학교에 오는 이유를 스스로 생각하고 찾아내기를 바란다."

아이들은 똘망똘망한 눈동자로 선뜻 이해가 안 된다는 표정을 지었다. 사실 이런 말이 공허한 메아리라는 걸 나는 안다. 학생들의 행복이 과연 그들 각자의 마음가짐만으로 보장될 수 있을까. 여전히 변하지 않는 입시 경쟁과 부모의 소득 수준에 따른 학력 자본의 대물림 속에서?

누가 좀비가 되고 싶어서 되는가. 다른 좀비한테 물려서 되는 것이지.

뒤처질까

두려워

사교육에 허리가 휘면서도 사교육을 그만두는 학부모는 거의 없다. 내 아이만 뒤처질까 걱정이라 그런 건데, 이런 경쟁 심리가 결국 국가적으로 비효율적인 사교육 과열 현상을 낳는다.

만약 전국의 학부모들이 어느 날 동시에 사교육을 멈추기로 합의한다면 어떻게 될까? 누구도 예외 없이 정해진 날부터 자식을 학원에 보내지 않고 과외도 시키지 않기로 하는 것이다.

유감스럽게도 이 합의는 이루어질 리 없다. 앞에서는 합의 해놓고 뒤로는 몰래 약속을 어기는 학부모가 나올 것이라고 서로 의심할 테니 말이다. 그래서 이런 합의는 벌어지지 않을 거라고 생각한다.

이런 학부모들을 탓할 수 있을까? 그럴 수 없다. 경쟁 상황에서 서로를 믿지 못하는 게 인간 본성이다. 자본주의가 경쟁을 신봉하는 것은 바로 이런 인간 본성이 시장을 작동시키는 원리라고 믿기 때문이다. 자본주의 인간관의 핵심은 '탐욕'이다.

그러나 제한된 자산에 대한 경쟁이 완화되면, 인간은 놀랍게도 협력의 미덕을 발휘한다. 협력이 경쟁보다 살아가는 데 훨씬 더 유리하다고 판단하니까.

자본가들의 책무는 사람들이 그런 인간의 본성을 깨닫지 못하게 하는 것이다. 그러니 서울대는 계속 있어야 하고, 사실상 자본가들의 마름인 서울대 출신 검사들은 자본가들이 계속 세상을 지배하도록 시스템을 유지하거나 강화해야 하는 것이다.

사교육이 살아 있는 한, 대한민국은 언제까지나 보수의 지배하에 놓여 있을 것이다. 보수의 지배를 견고하게 하는 것은 보수의 탐욕이 아니라 보통 사람들, 즉 피지배자들의 경쟁 심리이며, 남보다 뒤처질까 두려워하는 불안이다. 그래서 나는 아무리 진보적인 정치 성향을 가졌어도 자식에게 과도한 사교육을 시키는 학부모는 필연적으로 보수의 편이라고 생각한다.

조커는

없다

 길을 걷는데 차도 쪽에서 시끄러운 경적이 들렸다. 길고 긴 경적이 들리는 걸 보니 어떤 운전자가 또 버벅대고 있나 보다 싶었다.

 클랙슨은 짜증을 표시하는 도구가 된 지 오래다. 원래 기능인 "조심하세요"가 사라진 자리에 "너 죽을래?"만 남았다. 오토바이 두 대가 연거푸 문제의 차량을 향해 육두문자를 가래처럼 뱉고 지나갔다.

'왜 사람은 운전석에만 앉으면 예의고 뭐고 다 팽개친 야수로 돌변하는가?'

이런 현장을 볼 때마다 의문이 들곤 했는데, 나는 어느 날 문득 해답을 얻었다. 익명성!

운전자는 자동차라는 쇳덩이에 가려져 있다. 오토바이 운전자도 헬멧을 써서 얼굴이 보이지 않는다. 게다가 욕을 하고 잽싼 속도로 달아날 수도 있다. (문명을 체화하지 않은) 사람은 자기 자신을 드러내지 않을 때 온갖 야비한 짓을 할 수 있는 것이다.

생각이 거기까지 미치니, 인터넷 공간에서의 댓글 태도가 익명이냐 실명이냐에 따라 천양지차인 이유도 설명이 된다. 페이스북의 댓글은 대체로 정중하다. 자신이 드러나기 때문이다. 그러나 유튜브의 악플은 익명 뒤에 숨어 있어서 가장 야비하고 치사하다. 짐짓 상대보다 많이 알고 정의로운 척하며 훈계조의 댓글을 발설함으로써 스스로만 만족스러운, 그러니까 심리적 자위를 하는 것이다. 이런 건 그냥 소음이다. 아무 의미 없다.

영화 〈조커〉에서 어릿광대 분장을 한 아서 플렉을 숭앙하는 이들은 마치 부자들의 사회를 전복시킬 것처럼 으르렁대고 폭동을 일으킨다. 그러나 그들은 절대로 사회를 변화시키지 못한다. 광대 마스크 뒤에 자신을 숨겼기 때문이다. 그건 조커도 마찬가지다. 그는 테러리스트는 될 수 있을지언정 혁명을 일으키는 리더는 될 수 없다.

혁명은 모든 것을 내걸고 자기 자신으로 선, 근대적 실명의 목소리로부터 출발한다. 반면, 원래부터 분열적이며 스스로를 드러내는 위험을 감수하지 않는 익명성이라는 표현 형식은 그 분열성 탓에 어떤 위력도 발휘할 수 없다. 그래서 조커의 사멸은 너무나 합당한 수순이다.

감독 토드 필립스가 말하고 싶었던 것은 바로 그것이 아닐까. 처음부터 조커는 당신이 신경질적으로 누르는 클랙슨 같은 것, 인터넷의 익명 악플 같은 것이었다고.

욕망의 전송

　독자를 전제하더라도 글쓰기는 고립된 노동이다. 글을 쓰는 순간만큼은 철저히 혼자가 되니까. 철저히 혼자이되, 글을 읽게 될 독자를 머릿속에 담고 있어야 한다. 그래서 글을 쓰는 시간과 그 글이 독자에게 읽히는 시간 사이의 간극은 글을 쓰는 사람에게 피할 수 없는 고독과 번뇌를 준다. 그 고독과 번뇌가 글 속에 녹아들어 글을 더 풍요롭게 해주는 비료가 되기도 한다.

반면, 온라인 댓글 공간의 글쓰기는 즉각적이자 즉자적이다. 생각을 여과 없이 곧바로 쓸 수 있다. 이를테면 누군가는 "ㅋㅋㅋㅋㅋㅋㅋㅋ"라고만 쓴 글을 전송한다. "아 웃겨" 같은 글도 마찬가지다. 혼잣말에 가깝다. 그런데 왜 전송할까? 독자를 전제로 하지 않되 의식하기 때문이다. 즉 누군가 자신의 말을 들어주길 바라는 욕망이 전송이라는 행위로 이어지는 것이다. 글쓰기가 고립된 노동이 아니라, 즉각적인 피드백을 구할 수 있는 '소통 행위'로 바뀌었다는 뜻이기도 하다.

온라인에서 사람들은 글을 쓴다기보다는 말을 거는 것만 같다. 문제는 이러한 소통 행위 속에서 쓴 글의 내용이다. 고립무원의 아득함을 견뎌야 하는 글쓰기와는 천양지차가 돼버렸지만, 듣는 이가 전제된다는 것은 변함이 없다. 생산과 소비의 시간차가 거의 의미가 없어진 대신, 우리는 누군가의 정제되지 않은 생각의 배설과도 대면해야 하는 상황을 맞게 됐다.

여기에는 함정이 도사린다. 즉 말하기 전에 한 번쯤 더 생각해 보는 습관, 생각의 저장고에 잠시 묵혀 조탁된 언어로 익을 때까지 기다리던 관습이, 의미가 없어진다는 얘기다. 온라인에 난무하는 언어들(혹은 맥락 없는 기호들)이 액상 전자 담배의 수증기처럼 찰나의 쾌감만을 남긴 채 증발해 버리고 마는 상황에서 듣는 이의 여운도, 말하는 이의 사유도 존재하지 않는 것이다. 극단적으로 말해, 아무도 주의 깊게 말하지 않고, 아무도 사려 깊게 듣지 않는다. 그리하여 또 다른 차원의 고립감이 남는다.

그 고립감은 글을 쓰는 노동의 시간에 느끼는 고립감과는 완전히 다른 차원이다. 생산을 전제로 한 고립감이 아니라, 즉각적 인터페이스가 도저히 충족시킬 수 없는 틈새에 대한 확인이기에 더욱 뼈아프다. 쓴 자가 특정되지 않으면 읽는 자도 특정되지 않는다. "나 여기 있소"라고 말하지만, 말한 존재는 없다. 존재하지 않는 존재의 발언, 그러니 공허하다.

하지만 공허한 글은 때로 상처를 남긴다. 존재하지 않지만 존재하기 때문이다. 상처를 남기려는 위악적 욕망의 존재.

반쪽짜리

태평성대

  나는 내가 대단히 운이 좋은 세대라고 생각한다. 과장을 좀 섞자면 나를 포함해 1970~1980년대 출생자들은 인류 역사상 가장 운 좋은 세대라고 해도 될 것이다.

  나는 단 한 번도 쌀이 없어 밥을 굶어본 적이 없다. 큰 형의 증언에 따르면, 그의 어린 시절 어느 날 아침, 쌀이 떨어져 어머니가 푸념을 하고, 방에 누워 있던 아버지가 그를 안고 우셨다고 한다. 형과 나의 나이 차를 감안했을 때 아마도 1960년대 중반 정도의 일이었을 것이다. 그렇다면 그때까지 서울 변두리에 사는 도시빈민 가운데 쌀 살 돈이 없어 밥을 굶는 사람들이 적지 않았다는 얘기가 된다.

아무튼 나는 닐 암스트롱이 달 착륙에 성공한 해에 그 가난한 가정의 막내로 태어나 자라는 동안 단 한 번도 끼니를 거르거나 학교에 도시락을 못 가져간 적이 없다. 내 기억에 봉천동 산동네 판잣집에 사는 급우들 가운데도 도시락을 못 싸오는 아이들이 없었다.

대단한 행운이다. 인류 역사에서 기아는 일상적인 문제였고, '보릿고개'라는 말도 반세기 전에는 현실이었다. 그러나 1960년대의 국가 주도 산업화 이후 적어도 내가 태어난 무렵부터 주변에 밥 굶는 사람들은 본 적이 없다. 반찬이 김치 하나일지라도 말이다. 내가 타이밍 좋게도 한국인이 기아로부터 해방된 직후 태어났으니 이 얼마나 축복받은 세대인가!

당연히, 이 시대는 전쟁의 참상도 겪지 않았다. 전쟁 위협은 상존했지만 실제로 6·25와 같은 비극은 일어나지 않았다. 1, 2차 세계대전을 겪은 수많은 유럽인, 태평양전쟁과 한국전쟁의 소용돌이에 휩쓸렸던 수많은 한국인과 그 외 동양인들을 생각한다면, 적어도 70년 동안 전쟁이 없었던 시대를 살아온 건 천운이다.

그리고 대단히 드라마틱한 사회변화와 기술의 진보를 경험했다. 낯 뜨거운 권위주의 독재 국가였다가 절차적 민주주의를 시민의 힘으로 완성해 가는 과정을 보았다. 컴퓨터와 인터넷이 보편화되는 걸 경험하고 스마트폰의 시대가 열리는 것을 목격했다. 그래서 아날로그적 감수성과 디지털 시대의 감각을 두루 갖출 수 있었다. 인류사적 전환기의 한가운데 서 있었던 덕분에 키오스크 주문과 같은 새로운 문명에 노인 세대보다 재빨리 적응할 줄 안다.

나는 이렇게 다분히 의도적으로 내가 얼마나 축복받은 시대에 태어나 행운으로 가득한 인생을 살고 있는지에 대해 생각해 보았다. 이 좋은 시대에 태어난 사람들은 젊은 세대에게 "라떼는 말야" 하고 절대로 말하면 안 된다.

이제는 밥 문제를 해결해야 하는 시대가 아니다. 밥이 없어서 굶어 죽는 사람은 없다. '인정 욕구'의 시대다. 다들 인정 욕구를 채우기 위해 산다. 그게 충족되지 않아 스스로 목숨을 끊는다. 망신당해서 괴롭고, 망신당하지 않기 위해 최선을 다한다. 밥을 굶지 않으려고 의대와 로스쿨에 가려는 게 아니라 그게 더 자랑스럽고 권력에 가깝다고 여겨 가는 것이다.

수시로 인류를 괴롭혔던 흉년으로 인한 기아, 전쟁이 사라졌으니 내가 살고 있는 지금이 태평성대라고 생각한다. 어감이 참 좋다. 태평성대.

그런데 왜 주변에는 불행한 사람들이 많은 것일까. 우리에게 드리워진 새로운 불행에 대해 토론하고 어떻게 하면 좀 더 많은 이들이 합리적으로 행복해질 수 있을지 합의를 모아나가는 시스템, 그게 없기 때문이다. 세금 징수자 국가와 납세자 개인만 남고, 사회가, 공동체가 사라졌기 때문이다.

공동체가 사라진 민주주의는 아무 의미가 없다. 동원된 유권자는 세금 징수 권력만을 교체할 뿐이다. 그러니 이 태평성대는 반쪽짜리다. 다른 걸 다 떠나 우리 자식 세대의 미래가 너무 불안하다. 보수도 진보도 해결하지 못한 경제적 양극화와 그로 인한 상대적 박탈감은 밥을 굶는 고통보다 더 클 것이다. 그것 자체가 인정 욕구의 심각한 결핍을 보편화한다. 새로운 굶주림, 새로운 기아인 셈이다.

그리하여 이 운 좋은 세대는 역사상 가장 나쁜 세대로 기록될지도 모른다. 시대의 혜택을 실컷 누리며 사는 동안 이웃끼리 드잡이하면서 공동체를 파괴했다. 화석 연료를 실은 차를 몰며 지구 환경의 파괴에 부역했다. 슬프게도 이 세대는 자식들에게는 사랑한다고 하면서 그들에게 이기심과, 기후 위기와, 약육강식의 황폐함만을 물려준 세대로 역사에 남을 것이다.

탄수화물 끊기보다

어려운 건

"우리의 삶에 의미가 없다"는 말은 냉소적으로 들린다. 하지만 따져보면 사실이 그렇다. 내 뜻도 아닌데 태어났다가 괜히 고생만 하고, 내 뜻도 아닌데 죽게 되는 인간사에 무슨 의미가 있겠는가.

그러나 인간은 원시 시대부터 굳이 의미를 따지는 동물이었다. 그렇지 않으면 배고픔과 추위가 엄습하는 지구상의 삶이 더없이 고통스러웠을 것이다.

농경사회와 계급의 출현은 종교를 발명하는 계기가 됐

다. 의미 부여하기가 아주 수월해졌다. 게다가 2천 년 동안 서양을 지배한 기독교는 지금의 고통스러운 삶을 잘 견디면 죽고 난 뒤 천국이라는 달콤한 보상이 기다리고 있다고 뻥을 쳤다. 오해하지 마시라. 교리가 아닌, 제도와 이데올로기로서의 기독교를 말하는 것이다. 그런 면에서는 불교가 차라리 솔직하다. '의미 없다, 먼지로부터 와서 먼지로 사라진다, 그러니 번뇌를 끊어라, 괜히 의미 따위 찾지 마라.'

하지만 의미 중독에서 벗어난다는 건 탄수화물을 끊는 것보다 훨씬 더 어렵다. 인간은 의미를 찾도록 설계된 존재이니까. 그런 점에서 불교의 가르침은 일리 있되 수행하기 대단히 어렵다.

사실 불교조차 의미 없음에 의미를 부여한 종교다. 마음을 비우기 위해 기도해야 하는, 또 다른 차원의 '의미의 종교'다. 이처럼 모든 종류의 '추구' 행위는 의미로부터 발생한다. 의미의 연쇄 작용이다.

그래서 내가 내린 결론은 인간은 의미를 찾는 존재이고, 기어코 의미를 만들어 낸다는 것이다. 만약 인간에게 이런 본능이 없었다면 문자를 통한 기록 문화가 탄생하지 않았을 것이다. 기록이야말로 의미의 전수이니까. 구전이 아닌 기록(경전)이 있어야 종교는 제도로서의 위치를 획득할 수 있다.

삶에 의미가 없다고? 도대체 누가 그런 얘기를 할까? 들판의 벼도 의미가 있다. 생존만큼 성스러운 의미는 존재할 수 없다. 그렇기 때문에 우리는 살아 있는 동안 최대한 많은 의미를 공부하고 자신의 삶에 의미를 부여한 뒤 죽으려고 하는 것이다.

카페 가는 길에 죽어 있는 비둘기를 보았다. 나는 명복을 빌었다. 사람이 아닌 동물의 죽음에 의미를 부여했다. 명복을 비는 것 자체가 의미를 부여하는 행위이니까. 그 순간, 나는 내가 인간이라는 걸 깨달았다.

별종의

좌표

 지구상의 모든 생명체와 마찬가지로 인간도 태어나며 '생존과 번식'이라는 임무를 부여받는다.

 인류는 산업 혁명 이후 이 기본 욕구들을 해결했다. 물론 여전히 기아에 허덕이거나 연애를 못 하는 사람들도 있겠지만.

 한편 라캉이 통찰한 바, 인간은 타인의 욕망을 욕망하기에 생존의 문제가 해결되니, 사촌이 땅을 사니 배가 아프게 되었다. 필연적으로 집단을 이루고 살도록 진화했기에 타인의 인정도 매우 필요하다. 어떤 이는 인정을 못 받으면 자존감이 바닥을 치고, 심각한 경우에는 스스로 생존을 포기하는 상황까지 이른다. 그러니 오늘날 굶어 죽는 이는 없어도 자살하는 이들은 증가하고 있다. 이는 공동체 문화의 쇠락과 연관이 깊다. 예전에는 공동체가 인정의 상호부조를 위한 최소한의 안전망이었지만 개인화, 파편화된 세상이 될수록 자기애를 상실할 가능성이 높다. 자신을 인정해 주는 사람이 없기 때문이다.

이처럼 필요에 대한 이론이 차고 넘치기 때문일까. 간과되고 있는 인간의 특성이 또 하나 있다.
'심심함과 지루함, 권태 따위의 감정.'
아마도 인간은 직립보행을 하고, 도구를 쓰고, 집단을 이루어 식량을 구하러 다닐 때부터 남는 시간에는 심심했을 것이다. 태양과 달이 끊임 없이 떴다 지고, 삼시 세끼와 짝짓기까지 해결하고 나면 마땅히 할 게 없다.
예술은 바로 거기에서 탄생했다. 알타미라 동굴 벽화를 그린 원시인은 누구일까? 다른 건 몰라도 그는 심심했을 게 분명하다. 그러니 인간의 진화론적 DNA에 내포된 예술혼을 그 어두컴컴한 동굴 안에서 불사르기로 작심했을 것이다.

여기서 괜히 예술의 위대함을 지루하게 말하고 싶지는 않다. 다만 예술은 인간이 심심하기 때문에 탄생했다는 것을 강조하고 싶을 뿐. 하여 진짜 위대함은 예술에 앞서, 인간이 피할 수 없는 끔찍한 심심함에 있는지도 모른다.

그런데 심심함은 어디에서 유래되는가. 시간이다. 죽음을 향해 째깍째깍 흘러가는 시간. 그러나 미분하면 하루하루 지겨워 죽을 것 같은 시간. 지구상의 모든 생명체를 통틀어 내가 아는 한, 시간을 인식하는 종은 인간 뿐이다. 이것은 저주이되 예술 탄생을 위한 축복이다.

미디어가 탄생하면서 '엔터테인먼트'라는 대중문화가 발달하기 시작했다. 영화는 엔터테인먼트의 총아다. 현대 문명 속의 인간은 평소에는 결코 겪을 일이 없는 타인의 끔찍한 불행을 돈 내고 보며 일상의 지루함을 달랜다. 그러나 그 지루함 해소 행위에도 나름의 의미가 숨어 있다는 것을 누군가는 말해야 한다. 그게 평론가의 역할이다.

20세기의 평론가는 식자연識者然(학식 있는 척)했다. 현학적으로 어려운 문장을 구사하고 모든 걸 다 안다는 듯한 미소를 품었다. 그런다고 해서 영화를 보는 것이 시간의 숙명적 지루함을 견뎌내기 위함이라는 사실이 바뀌는 건 아니다.

그런 점을 인식한다면 평론가는 지루함을 벗어나려는 행위를 빛나게 해줌으로써 인류의 행복에 기여할 수 있다.

그래서 나는 영화평론가로서 지식인보다는 엔터테이너로서의 정체성을 더 적극적으로 탑재해야 한다고 생각한다. 뭘 좀 많이 아는척하는 것보다 평론을 접하는 사람들을 웃기고 즐겁게 해야 한다고 믿는다. 식자연하는 게 습관이었기 때문에 〈매불쇼〉의 콘셉트를 따라 평론을 코미디로 승화하는 게 괴롭긴 하지만 말이다.

영화평론가는 생존 문제를 해결하고 난 시간에 영화에 대해 좀 더 공부할 수 있었던 직업이다. 이 직업 소유자들이 영화 공부를 하는 건, 잘나서일까? 마찬가지 이유다. 인간이므로 그저 심심했기 때문이다. 따라서 감히 지루함을 강화하는 평론 행위는 인류에 대한 배신, 죄악이다.

이것이 별종 평론가로 자신의 좌표를 설정한 미치광희의 생각이다. 그리고 어느 정도 성공하고 있다고, 나는 믿는다.

에필로그

 나이 쉰이 넘어가면서 "내일 죽어도 여한이 없다"는 말을 사람들에게 자주 하고 다녔다. 지금까지 살면서 "하고 싶은 일, 할 수 있는 일을 다 했다"는 말도 덧붙이면서. 누군가 "좀 더 근거를 대라"고 하면, 인간의 평균수명이 채 쉰이 안 되던 게 불과 100년 전이니 앞으로의 하루하루는 보너스라고, 나름 호기롭게 말했던 것이다.

 그런데 문득 아직은 살날에 대한 아쉬움과 책임감을 가져야겠다는 생각을 하게 되었다. 하고 싶은 일과 할 수 있는 일을 다 했다고 생각한 건 나도 모르게 주입받은 목표와 성취 중심의 인생관 때문이라는 걸 깨달았기 때문이다.

인류에겐 생존 자체가 목표였던 훨씬 긴 시대가 있었다. 과학과 문명의 힘으로 생존의 문제가 해결되자, 사회는 인정 욕구를 채우려는 장場이 되었다. 지금은 누구도 밥을 굶지 않기 위해 살지 않는다. 모두가 타인의 인정을 갈구하며 살고 있다. 가족, 타인, 사회의 인정은 인간 생존에 불가피한 또 하나의 요소다. 그리하여 성취 중심의 인생관을 품는 건 어찌 보면 당연한 노릇일 것이다.

인간은 거기서 한 걸음 더 나아가려는 또 다른 본능을 가지고 있다. 철학적 사유, 역사학적 현상 인식, 예술적 표현 욕구. 나는 그것을 통틀어 '이야기 본능'이라고 부른다.

내 인문학적 인식의 지평이 넓을수록 이야기의 출발은 훨씬 더 멀어지고 깊어진다. 그리고 이 이야기는 죽을 때까지 끝나지 않는다. 죽는다 하더라도 기록을 남긴다면 누군가 바톤을 받아 이야기를 이어간다.

아주 어린 시절 내가 경험한 하나의 이야기를 기억한다.

내가 장난감을 사달라고 보채고 있었고, 조울증이 심한 어머니는 나를 죽이겠다며 소리치고는 내 이마에 칼을 겨누었다. 쉽게 말해 트라우마다. 내 이야기의 시작점이다.

나는 이 '트라우마 이야기'의 끝을 맺지 못했다. 어떻게 종결시켜야 할지 아직 모르기 때문이다. 열린 결말로 할지, 닫힌 결말로 할지, 내 삶을 관통하는 이야기는 영화 시나리오로 치자면 전체 다섯 개의 시퀀스 중 네 번째 전개부까지 완성되었다. 그러니 이제 클라이맥스와 결말부를 완성해야 해야 하는 책임감이 남았다.

이제부터는 "내일 죽어도 여한이 없다"는 말을 하지 않아야겠다. 멀고 희뿌연 이야기가 현재의 감성을 휘감아 가깝고도 뚜렷한 이야기로 거듭날 때까지는 살아야겠다.

기왕이면 건강하게.

인생이라는 이야기가 끝나려면 아직 멀었다.

미치광희 최광희입니다

제1판 1쇄 인쇄 2025년 8월 1일
제1판 1쇄 발행 2025년 8월 7일

지은이	최광희
펴낸이	나영광
책임편집	오수진
편집	정고은, 김영미
영업기획	박미애
일러스트	김파카
디자인	엄혜리

펴낸곳	크레타
출판등록	제2020-000064호
주소	경기도 고양시 덕양구 청초로 66 덕은리버워크 B동 1405호
전자우편	creta0521@naver.com
전화	02-338-1849
팩스	02-6280-1849
블로그	blog.naver.com/creta0521
인스타그램	@creta0521

ISBN 979-11-92742-53-3 03810

책값은 뒤표지에 있습니다.
잘못 만들어진 책은 구입하신 서점에서 바꿔드립니다.